Le samu du germaniste

Linda Karlson
DESS de gestion

Léon Karlson
Agrégé de l'université,
ancien élève de l'ENS de St-Cloud,
professeur en classes préparatoires
au lycée Jean Dautet à La Rochelle

ellipses

ISBN 2-7298-4976-9

TABLE DES MATIÈRES

Introduction

Ce que ce fascicule ne prétend pas être

Il n'est pas un sottisier qui se nourrit des erreurs d'autrui : l'humour n'en est pas absent, mais les auteurs, se sachant eux aussi perfectibles et se remémorant leurs propres erreurs, se veulent des tuteurs compréhensifs.

Il ne se substitue *en aucun cas* à une grammaire !

Ce qu'il s'efforce de devenir

Un mémento pratique et rapide.

Un conseiller sérieux sans se prendre trop au sérieux.

Les règles ou plutôt "trucs" que nous proposons en toute modestie se veulent pragmatiques, elles se basent sur des observations statistiques qui fonctionnent 9 fois sur 10. Nos conseils sont certes perfectibles et nos indications pas précises à 100 %, mais nous *revendiquons* cette dimension utilitaire.

Un exemple précis éclairera notre démarche : dans le chapitre *mon* ***äu* :** nous proposons modestement comme règle d'usage – les Allemands disent *Faustregel* – de placer le ¨ sur la première syllabe. Cela n'est que partiellement vrai : mais TOUS les exemples contraires relèvent de la pure cuistrerie ou sont tout simplement des transcriptions phonétiques du français (ne posant donc a priori aucun problème aux francophones, or c'est là notre objectif) comme *religiös*, manifestement dérivé de "religieux" ou *"für ein ungeübtes Auge..."* de toute évidence d'origine participiale.

Orthographe

Les instances responsables de la langue allemande, tant en Allemagne qu'en Autriche et en Suisse, ont engagé une réforme de l'orthographe. Cette réforme entrée en vigueur le 1er août 1998 ne sera obligatoire qu'en 2005. Les jeunes Allemands, Autrichiens et Suisses apprennent donc ce "nouvel" allemand depuis 1997[1]. S'il ne s'agit pas de supprimer les majuscules, opération dont l'intérêt serait du reste limité et parfaitement démagogique, en revanche cette réforme simplifie la vie de l'apprenant allemand.

La plupart des manuels et dictionnaires édités depuis 1997 tant en France que dans les pays de langue allemande tiennent compte de cette réforme, seuls subsistent quelques îlots de résistance dans une certaine presse.

Ne voulant ni dramatiser en anticipant à outrance, ni adopter une attitude trop passéiste à force d'attendre les derniers rebondissements de cette réforme qui a subi une fronde d'archéo-germanistes, nous avons choisi de nous conformer à l'orthographe nouvelle mais citons entre parenthèses la forme ancienne, sans doute plus familière à beaucoup de germanophones. Que les candidat(e)s aux examens et concours se rassurent, les examinatrices / teurs que nous sommes seront de la plus coupable indulgence et accepteront sans sourciller les deux variantes.

A titre d'exemple, dans ce fascicule nous écrivons systématiquement ***dass*** pour la conjonction *daß* et ***muss*** pour le modal *muß* ; de même *Jan Ullrich fährt **R**ad(fährt **r**ad)*. Quand les dispositions de la réforme prévoient 2 orthographes concurrentes et parfaitement équivalentes, nous signalons entre parenthèses l'orthographe ancienne : si nous avions eu besoin d'un soupçon de kétcheuppe dans une rubrique, nous aurions écrit : *der* ou *das Ket**s**chup* (*der* ou *das Ketchup*).

1. À l'exception du land de Schleswig-Holstein qui a repoussé l'application de cette réforme par référendum.

I. Terminologie et transcriptions phonétiques

• Pour corriger les fautes de production phonétique les plus courantes, nous avons opté pour une transcription compréhensible à nos apprenants, renonçant délibérément à la transcription internationale. Pour rappeler que le petit "*so*" ne se prononce PAS comme en anglais, nous avons ainsi proposé comme équivalent le mot français "zoo" qui se rapproche le plus de ce qu'est un "*so*" à l'allemande. Nous sommes conscients des reproches encourus pour cette méthode très "assimil" mais force est bien de constater l'inanité des méthodes de transcription dites scientifiques.

• Pour certaines notions grammaticales ; nous avons choisi la terminologie logique utilisée par les manuels modernes en vigueur. Ainsi les participes présent et passé sont-ils désignés par P1 et P2 (participe 1 et participe 2). En effet, qu'y a-t-il de "présent" dans un participe comme *staunend* (appellation antique : participe présent) dans l'énoncé : *Wir standen staunend vor dem Kuchen* (*standen* est clairement un temps du PASSE) et où est l'aspect "passé" de *gebaut* dans :

> *Die Brücke über die Gironde wird in zwei Jahren gebaut.*
> Le pont au-dessus de la Gironde sera construit dans 2 ans.

Du reste, dans cet exemple, on pourrait compléter la phrase par l'auxiliaire *werden* identifiant nettement le futur.

Ceci dit, libre à chacun(e) de continuer à utiliser dans sa pratique quotidienne la terminologie où elle / il se sent le plus à l'aise : efficacité d'abord !

POT-POURRI DES EXPRESSIONS QUI FONT DESCENDRE DE VÉLO UN EXAMINATEUR D'ALLEMAND POUR SE REGARDER PÉDALER

Faute fréquemment entendue / lue	*L'apprenant voulait dire / écrire*	Il aurait dû dire / écrire
er bekommt groß	il devient grand	*er **wird** groß*
ich nehme eine Dusche	je prends une douche	*ich **dusche***
Ja, ich bin oft in Deutschland gefahren	Oui, je suis souvent allé en Allemagne	*Ja, ich bin oft **nach** Deutschland gefahren (in Deutschland gewesen)*
Im Paragraph 2 ist	Dans le 2e paragraphe, il y a	*Im zweiten Absatz **steht**...*
es ist mich, wer das will	c'est moi qui veux ça	***Ich will das***
Ich gehe gut, danke	Je vais bien, merci	*Danke, **es geht mir** gut*
es macht heiß heute	il fait chaud aujourd'hui	*Es **ist** heiß heute*
das Europa ist stark	l'Europe est forte	***Europa** ist stark*
im Frankreich ist das Leben...	en France, la vie est...	***In** Frankreich ist das Leben...*
Dieser Text handelt sich um...	Ce texte parle de...	*In diesem Text geht es um...*
Ich gehe nach Paris fahren	Je vais partir pour Paris	*Ich **werde** nach Paris **fahren***
du mußt nicht lügen	tu ne dois pas mentir	*Du **sollst** / **darfst** nicht lügen*
Weißt du gut skilaufen?	Sais-tu bien skier ?	***Kannst** du gut Skifahren?*
Der Artikel wurde bei Helmut Schmidt geschrieben	L'article a été écrit par Helmut Schmidt	*Der Artikel wurde **von** Helmut Schmidt geschrieben*
Ich liebe Joghurt essen	J'aime manger du yaourt	*Ich **esse gern** Joghurt (Jogurt)*
Wann ich in Paris war,...	Quand j'étais à Paris...	***Als** ich in Paris war,...*
Wir vorstellen ein Schloß	Nous nous imaginons un château	*Wir **stellen** uns ein Schloss **vor***
ich helfe dich	*je t'aide*	*Ich helfe **dir***
Sie spricht mich	Elle me parle	*Sie spricht **zu** / **mit mir***
Sie fernsehen zu!	Vous regardez trop la télé !	*Sie **sehen** zuviel **fern**!*
Es ist passiert es gibt 20 Jahre	Ça s'est passé il y a 20 ans	*Es **passierte vor** 20 Jahren*

die Amerikanischen	les Américains	*Die Amerika**ner***
ich bin französisch	je suis français(e)	*Ich bin **Franzose / Französin***
der mittlere Konsumer	le consommateur moyen	*Der **Durchschnittskonsument*** ***Otto-Normalverbraucher***
im Supermarket	au supermarché	*im Super**markt***
Er ist nicht gut gesehen	Il n'est pas bien vu	*Er ist nicht gut **angeschrieben***
Du könntest Achtung machen	Tu pourrais faire attention	*Du könntest **aufpassen / achtgeben***
bevor zu essen, wasch dir die Hände	avant de manger, lave-toi les mains	*Wasch dir die Hände, **bevor du ißt***
er hält zu rauchen	il s'arrête de fumer	*Er **hört** zu rauchen **auf** /* *Er **hört auf** zu rauchen*
er hat im Leben gut gelungen	il a bien réussi dans la vie	*Er hat es im Leben **zu etwas gebracht** / **weit gebracht***
Sie ist auf dem Sofa gesitzt	Elle est assise sur le canapé	*Sie **sitzt** auf dem Sofa*
Es ist mich!	C'est moi !	***Ich** bin **es** (Ich bin's)*
die zweite Leute	les deux personnes	*die zwei **Personen** /* ***beide Personen***
Ich mache nicht gern die Küche	Je n'aime pas faire la cuisine	*Ich **koche** nicht gern*
Jede 2 Jahren	Tous les 2 ans	***alle** zwei Jahre*
Ich habe mein Abitur mit ziemlich gut gehabt	J'ai eu mon bac avec mention assez bien	*Ich habe mein Abitur bestanden (Auszeichnung "befriedigend")*
Es macht 7 Jahre, daß ich Deutsch lerne	Cela fait 7 ans que j'apprends l'allemand	*Ich **lerne** seit 7 Jahren Deutsch*
Warte mich doch!	Attends-moi !	*Warte doch **auf** mich!*
der Euro kommt in 1999	l'euro viendra en 1999	*der Euro kommt 1999*
die Audi ist eine teure Auto	l'Audi est une voiture chère	***Der** Audi ist **ein** teures Auto*
der Abend ich lese die Zeitung	le soir je lis le journal	***Am** Abend / Abends lese ich Zeitung*
Die Jungen studieren länger	Les jeunes étudient plus longtemps	***Junge Leute** / **Jugendliche** studieren länger*

Es ist nicht, weil sie klein ist, daß du sie vergessen kannst	Ce n'est pas parce qu'elle est petite que tu peux la négliger	*Weil sie klein ist, darfst du sie* ***noch lange nicht vernachlässigen / übersehen***
Ich habe meine Ferien in Italien passiert	J'ai passé mes vacances en Italie	*Ich habe meine Ferien in Italien* ***verbracht***
Die Engländer fahren an links / am links	Les Anglais roulent à gauche	*Die Engländer fahren links*
Um 6 Uhr früh bemerkte er sich, daß es kalt war	A 6 heures du matin, il s'aperçut qu'il faisait froid	*Um 6 Uhr früh* ***stellte*** *er* ***fest****, daß es kalt war*
der Dötschmark ist stark	le mark allemand est fort	*die* ***Deutsche Mark*** *ist eine starke Währung*
Ich finde, sie hat stark gewechselt	Je trouve qu'elle a beaucoup changé	*Ich finde, sie hat sich stark* ***geändert / verändert***
Ich habe kein Geld auf mir	Je n'ai pas d'argent sur moi	*Ich habe kein Geld* ***bei*** *mir*
Er fragte mich die Uhr	Il m'a demandé l'heure	*Er fragte mich* ***nach der Uhrzeit***
Höre mich doch!	Ecoute-moi donc !	*Hör(e) mir doch* ***zu****!*
Die Wissenschaftlers Rolle	Le rôle des scientifiques	*Die Rolle* ***der*** *Wissenschaftler*
Ich kann es nicht in Deutsch sagen	Je ne sais pas le dire en allemand	*Ich kann es nicht* ***auf*** *Deutsch (auf deutsch) sagen*
Tut mir leid, ich habe Sie nicht kommen gesehen	Désolé, je ne vous ai pas vu venir	*Tut mir leid, ich habe Sie nicht kommen* ***sehen***
Ob du willst, komme ich mit	Si tu veux, je t'accompagne	***Wenn*** *du willst, komme ich mit*
Telefonieren Sie mich ruhig	N'hésitez pas à m'appeler	***Rufen*** *Sie mich ruhig* ***an***
der gute Sinn	Le bon sens	*der gesunde* ***Menschenverstand***
Dieser Mann ist gültig	Cet homme est coupable	*Dieser Mann ist* ***schuldig***
Der Artikel ist aus dem Magazin... genommen...	Cet article a été extrait du magazine	*Der Artikel* ***wurde*** *dem Magazin...* ***ent****nommen*
Der LKW provozierte einen Unfall	Le camion provoqua un accident	*Der LKW* ***verursachte*** *einen Unfall*
Er hat den Film scharf kritikiert	Il a violemment critiqué le film	*Er hat den Film scharf kriti****s****iert*
Im Präsenz	Dans le présent	*In der* ***Gegenwart***

Haben Sie Münzen ?	Vous auriez de la monnaie ?	*Hätten Sie **Kleingeld**? / Hätten Sie's **klein**?*
Vor war es besser / Bevor, es war besser	Avant, c'était mieux	***Vorher** / **Früher** war es besser*
Ein Tag muß er antworten	Un jour il devra répondre	*Ein**es** Tag**es** muß er antworten*
in generell	en général	***im allgemeinen***
Meiner Meinung nach ist daß	À mon avis	*Meiner Meinung nach*
für das dritte Mal	pour la troisième fois	***Zum** dritte**n** Mal*
Glücklich wurde niemand verletzt	Par chance / Heureusement personne n'a été blessé	***Zum Glück** / **Glücklicherweise** wurde niemand verletzt*
theorisch	théoriquement	*theo**re**tisch*
Die Straße ist schnell gebaut	Cette route se construit rapidement	*Diese Straße **wird** schnell gebaut*
Der Ausbilder gab ihnen gute Räte	Le formateur leur a donné de bons conseils	*Der Ausbilder gab ihnen gute **Ratschläge***

Gallicismes

Nous avons regroupé ici les plus flagrants, mais la liste est loin d'être exhaustive. Il s'agit comme toujours d'aider l'apprenant à éviter les dérapages les plus traumatisants.

On entend / lit trop souvent	Sens	On aimerait entendre / lire
Ich habe kalt	J'ai froid	***Mir ist** kalt (Es ist mir kalt)*
Un certain nombre de tournures verbales très courantes sont impersonnelles en allemand.		
Der Clown hat die rote Nase	Le clown a le nez rouge	*Der Clown hat **eine** rote Nase*
das will heißen	cela veut dire	*das **heißt***
On ne peut considérer que "cela" ait une volonté quelconque : or l'allemand emploie "*wollen*" si vraiment il y a volonté agissante : donc ce verbe est redondant pour lui.		
Es ist darum, daß...	C'est pour cela que...	*Deshalb... / Deswegen...*

On voit qu'en allemand, la mise en relief est plus sobre.

Es ist hier, daß es passiert ist	C'est ici que ça s'est passé	***Hier*** *ist es passiert*
Mich, ich würde sagen...	Moi je dirais	***Ich*** *würde sagen*
Es ist mich	C'est moi	*Ich* ***bin*** *es (Ich bin's)*

Dans ces deux derniers cas, l'élève est frustré : où est passée l'insistance ? L'allemand la rend oralement par l'accentuation (*ICH bin's*). A l'écrit, l'allemand n'aime guère insistance ni effets de manches à coups de "moi je". Si vraiment on tient à toute force à insister lourdement, on peut, à la rigueur ponctuer son affirmation d'un "*Ich persönlich...*", d'un "*Ich meinerseits...*" ou autres "*Ich für mein Teil*" (= moi pour ma part). D'où un constat significatif : la mise en relief s'opère différemment d'un pays à l'autre. Là où nous, Français, redondons volontiers, l'Allemand est, il faut bien le dire, plus aérien. D'une manière générale, les "C'est... que / qui..." sont à proscrire !

Es ist nicht, weil du der Chef bist, dass du mit mir in diesem Ton sprechen darfst	Ce n'est pas parce que tu es le patron que tu as le droit de me parler sur ce ton	***Nur*** *weil du der Chef bist,* ***darfst*** *du noch lange nicht in dem Ton zu mir sprechen*
Es ist nicht dafür, dass ich dir glauben soll	Ce n'est pas pour ça que je suis obligé de te croire	*Deswegen muss ich dir noch lange nicht glauben*
Dieser letzter	Ce dernier	***Letzterer / dieser***
Ich komme dich sehen	Je viens te voir	*Ich komme* ***zu dir / zu Besuch / vorbei***
Vielleicht, daß er falsch verstanden hat	Peut-être qu'il a mal compris	*Vielleicht* ***hat*** *er schlecht verstanden*
Was ist er geworden?	Qu'est-il devenu ?	*Was ist* ***aus ihm*** *geworden?*
Weißt du, was unser Kollege geworden ist?	Sais-tu ce qu'est devenu notre collègue ?	*Weißt, was* ***aus unserem*** *Kollegen geworden ist?*
Franzosen sind in Portugal gut gesehen	Les Français sont bien vus au Portugal	*Franzosen* ***genießen*** *in Portugal* ***hohes Ansehen*** */ sind in Portugal* ***gut angesehen / sieht man gern*** *in Portugal*
Diese CD kostet teuer	Ce compact disque coûte cher	*Diese CD* ***ist*** *teuer*
Der Hund hat einen Unfall provoziert	Le chien a provoqué un accident	*Der Hund hat einen Unfall* ***verursacht***

Provoquer au sens être à l'origine de = *verursachen / verschulden* ; provoquer au sens de défier = *heraus*fordern; *provozieren* = avoir une attitude provocatrice, provocante.

Dieser, der die Scheibe zerschlagen hat...	Celui qui a fracassé la vitre...	***Derjenige****, der die Scheibe zerschlagen hat,...*
Autos sind in Luxemburg weniger teuer	Les voitures sont moins chères au Luxembourg	*Autos sind in Luxemburg* ***billiger***

Das wird dich teuer kosten	Ca te coûtera cher !	*Das wird* ***dir*** *teuer* ***zu stehen kommen***
Das ist nicht der Fall für alle Fahrzeuge	Ce n'est pas le cas de tous les véhicules	*Das* ***gilt nicht*** *für alle Fahrzeuge*
Die Grünen wollen nicht mehr von der Kernenergie	Les verts ne veulent plus de l'énergie nucléaire	*Die Grünen wollen* ***die Kernenergie*** *nicht mehr / wollen weg von der KE / wollen aus der KE aussteigen*
Er hat es nicht absichtlich getan: endlich ich hoffe!	Il ne l'a pas fait exprès : enfin, j'espère !	*Er hat es nicht absichtlich getan: ich hoffe* ***es zumindest****!*
Der Spaß kostet teuer	Cette distraction coûte cher	*Der Spaß* ***ist*** *teuer (kostet soundviel Mark)*

On notera que *die Kosten* = les coûts, frais, charges, n'existe qu'au pluriel en allemand (*die Kost* = aliment, mets).

La perfide albion, I, II et III ou anglicismes de germanistes

Ce chapitre est destiné en particulier à nos apprenants victimes de la proximité des termes allemands et anglais, langues-sœurs il est vrai.

À gauche, on trouve l'erreur récurrente, puis l'expression française concernée, ensuite la traduction correcte et, en-dessous, le rappel des notions utiles.

La perfide albion I

Structures

On entend / lit trop souvent	Sens	On aimerait entendre / lire
Dates		
In 1998 tritt die neue Rechtschreibreform in Kraft	En 1998, la nouvelle réforme de l'orthographe entrera en vigueur	*1998 tritt die neue Rechtschreibreform in Kraft*

PAS de *"in"* en allemand avant une date (il ne s'agit bien évidemment pas de la construction *"im Jahre 1998"* où c'est *"Jahr"* qui est le déclencheur du *"in"*). Influencés par la structure anglaise omniprésente dans leur vie professionnelle, de nombreux journalistes allemands font sans vergogne ces fautes, sans plus s'en rendre compte.

Comparatif

Er denkt nicht als ich	Il ne pense pas *comme* moi	*Er denkt nicht* ***wie*** *ich*

Réservez *"als"* au comparatif de supériorité ; en fait, il s'agit vraisemblablement d'une contamination due à *"as"* indûment germanisé

Er ist größer denn seine Schwester	Il est plus grand que sa sœur	*Er ist größer* ***als*** *seine Schwester*

denn = donc, en effet

Idiom

Du bist recht	Tu as raison	*Du* ***hast*** *recht*

Le modèle – ici – néfaste est :" you are right"

Faute de temps due à l'emploi

Entschuldigen Sie, ich verstand Sie nicht	Excusez-moi, je ne vous comprends pas	*Entschuldigen Sie, ich* ***verstehe*** *Sie nicht.*

Ici, les germanistes doublés d'anglicistes, à moins que ce ne soit l'inverse, sont "enduits" d'erreur par l'emploi de *"understand"*, infinitif en anglais d'une part, et d'autre part, par le prétérit allemand cette fois de ce même *"verstehen"* qui donne la forme *"verstand"*.

La perfide albion, le retour

Cas où une parfaite homonymie de termes engendre une confusion :

On entend / lit trop souvent	Sens	On aimerait entendre / lire
Ich mag also Kuchen	*J'aime aussi le gâteau*	*Ich mag auch Kuchen*

aussi = *auch. also* existe mais au sens de "donc"

So wir können sagen...	Ainsi nous pouvons dire	*Wir können daher / folglich sagen...*

ainsi = *daher / folglich*

Le *"so"* existe certes aussi mais ce n'est pas une particule illocutoire, une sorte de "bof" passe-partout ou d'introducteur général, rôle qu'il semblerait remplir en anglais (d'où la confusion) ; l'allemand l'emploierait plutôt – en tête de phrase – pour marquer la fin d'une activité, pour annoncer un bilan : *So, jetzt wollen wir mal sehen...* Bon. Maintenant nous allons voir...

Cas d'homophonie (prononciation proche pour des termes parallèles) :		
Der Briefträger wurde ***bei*** *dem Hund gebissen*	Le facteur a été mordu par le chien	*Der Briefträger (var. : Postbote) wurde von dem Hund / vom Hund gebissen*
par = *von* + datif (complément d'agent) ; *bei* = chez		
Er lebt in einer ***oder*** *Stadt*	Il vit dans une autre ville	*Er lebt in einer* ***anderen*** *Stadt*
autre = ander… Pur exemple de contamination par le son *oder* étant proche – vaguement ! – de "*other*" (ce qui en dit long sur la phonétique supposée de l'anglais, soit dit en passant)		
Du solltest nicht laufen!	Tu ne devrais pas rire !	*Du solltest nicht lachen!*
(Exemple particulièrement tortueux, mais de plus en plus fréquent depuis 5-6 ans)		
rire = *lachen*. Source de la confusion : "*to laugh*" a une orthographe proche (le "*lau*" !) et la phonétique du "gh" avoisine une espèce de son "f".		

La perfide albion contre-attaque

Vocabulaire

■ Cas où le terme anglais – plus connu – s'impose au détriment de l'allemand :

On entend / lit trop souvent	Sens	On aimerait entendre / lire
Der Junge bekommt Pilot	Le garçon devient pilote	*Der Junge* ***wird*** *Pilot*
bekommen = recevoir ; devenir = *werden*		
Er hat ein Datum mit Inge	Il a un rendez-vous avec Inge	*Er hat ein* ***Rendez-vous*** *mit Inge*
das Datum = la date (calendrier)		
Du isst zu fast	Tu manges trop vite !	*Du isst zu* ***schnell***
fast = presque ; vite, rapidement = *schnell / rasch*		
Er bekam ein Gift	Il a reçu un cadeau	*Er bekam ein* ***Geschenk***
das Gift = le poison ; le cadeau = *das Geschenk*		
Sie fühlt sich gültig	Elle se sent coupable	*Sie fühlt sich* ***schuldig***
valable = *gültig* ; coupable = *schuldig*		

Neulich habe ich Peter gekreuzt	J'ai croisé Peter dernièrement	*Neulich habe ich Peter* ***getroffen***
kreuzen = mélanger ; croiser, rencontrer = *treffen (i, a, o)*		
Die Distribution linkt den Kunden und den Fabrikanten	La distribution relie client et fabricant	*Die Distribution* ***verbindet*** *Kunden und Fabrikanten*
linken = duper, escroquer ; relier = *verbinden (a, u)*		
Das meint...	Ce qui veut dire...	*Das* ***heißt****...*
meinen = être d'avis		
Am Sonntag ist das Kino frei	Le dimanche, le cinéma est gratuit	*Am Sonntag ist das Kino* ***kostenlos*** */* ***gratis*** */* ***umsonst***
frei = libre		
Jeden Morgen steht sie eine Stunde im Bad	Chaque matin, elle reste / passe une heure dans la salle de bains	*Jeden Morgen* ***bleibt*** *sie eine Stunde im Bad*
stehen = être debout / être écrit ; rester = *bleiben (ie, ie*		
Zahlreiche Jungen suchen ein Praktikum	De nombreux jeunes recherchent un stage	*Zahlreiche* ***junge Leute*** */* ***Jugendliche*** *suchen ein Praktikum*
der Junge (- n) = le garçon ; les jeunes = *die jungen Leute / die Jugendlichen*[1]		
Ich passe die Prüfung im Juni	Je passe l'examen en juin	*Ich* ***lege*** *die Prüfung im Juni* ***ab***
passen = aller, être à la taille de qn (cf. rubrique "passer") ; passer un examen = ein Examen absolvieren / *ab*legen		
Ich habe meine Uhr gelöst!	J'ai perdu ma montre !	*Ich habe meine Uhr* ***verloren****!*
lösen = résoudre ; *die Lösung* = la solution ; perdre = verl**ie**ren (o, o) ; la perte = *der Verlust*		
Diese Statistik schaut uns die Entwicklung	Ces statistiques nous montrent l'évolution	*Diese Statistik* ***zeigt*** *uns die Entwicklung*
montrer = *zeigen* (RAPPEL : contrairement à une fausse idée, mal mais généreusement reçue, ce verbe est inoffensif, faible et se conjugue donc *zeigt, zeigte, hat gezeigt ;* c'est le verbe *ziehen* qui a respectivement pour prétérit et pour participe 2 alias "passé" *zog / gezogen)*		
Bouik bildet das Hochhaus in Bordeaux	Bouik bâtit / construit l'immeuble / le gratte-ciel à Bx	*Bouik* ***baut*** *das Hochhaus in Bordeaux*
construire = *bauen, baute, hat gebaut ; bilden* = former, façonner (cf. chapitre *bilden*)		

1. Influencés par la structure anglaise omniprésente dans leur vie professionnelle, de nombreux journalistes allemands font sans vergogne ces fautes, sans plus s'en rendre compte.

Es ist die Opposit	C'est le contraire	*Es ist das* ***Gegenteil***
le contraire = *das Gegenteil*		
Ich konnte das Buch noch nicht reden	Je n'ai pas encore pu lire le livre	*Ich konnte das Buch noch nicht* ***lesen***
lire = *lesen, liest, las, hat gelesen ; reden, redete, geredet* = parler, causer		

■ Cas à part : "*important*"

On entend / lit trop souvent	Sens	On aimerait entendre / lire
Dieses Problem ist important	Ce problème est important	*Dieses Problem ist* ***wichtig*** */* ***schwerwiegend*** */* ***akut*** */* ***bedeutend*** */* ***gravierend***
Ici, c'est la double présence de l'adjectif important tant en français qu'en anglais qui explique le choix		

Terme / structure anglais(e)	Terme allemand "contaminé"	Solution correcte
also	*also*	***auch***
as	*als*	***wie***
become	*bekommen*	***werden***
by	*bei*	***von***
in + date	*in*	∅
laugh	*laufen*	***lachen***
lose	*lösen*	***verlieren***
mean	*meinen*	***bedeuten***
other	*oder*	***ander***
read	*reden*	***lesen***
show	*schauen*	***zeigen***
so	*so*	***daher***
stay	*stehen*	***bleiben***
than	*denn*	***als***
understand	*verstand*	***verstehen***

Les faux-amis, une grande famille

Nous avonc choisi de présenter ici les plus utiles ou les plus fréquents, ceux qui présentent en tout cas l'aspect le plus rassurant pour le francophone mais entraînent de regrettables contresens, même face à un interlocuteur de bonne foi.

1. Les faux-amis

- Quand un article de journal évoque les effets de la vague d'***Akademiker*** *(Akademikerschwemme)* qui inonde le marché du travail, cela n'implique pas qu'en RFA les immortels aient fait des petits, mais qu'il y a pléthore d'universitaires (sens en allemand de *Akademiker*).
- Un monsieur se plaignant de devoir payer des ***Alimente*** à sa femme ne déplore pas l'appétit de sa compagne, mais regrette de devoir verser une pension alimentaire.
- Un traître parmi les traîtres : *die* ***Art***, qui ne signifie jamais l'art (= *die Kunst*) mais la sorte, la façon, l'espèce, l'art et la manière.
- *Gib mir bitte noch ein* ***Baiser*** peut prêter à confusion puisque ce terme (*das Baiser*) désigne aussi la meringue.
- Loin de faire preuve de bravoure, un enfant qui est **brav** est tout bonnement sage, calme, tranquille.
- Participer à *eine* ***Demonstration*** (= une manifestation – *die Demo* = la manif) est courant dans un pays comme la RFA où naissent très spontanément des initiatives de citoyens.
- Quand les membres du Parlement décident d'augmenter leurs ***Diäten***, ce n'est pas qu'ils se mettent au régime : au contraire, ils donnent un coup de pouce à leurs émoluments.
- Quand un ami vous avoue avoir *eine* ***Differenz*** *mit seinem Vorgesetzten*, c'est plus qu'une simple différence (*der Unterschied*), c'est un vrai beau différend franc et massif.
- Un classique dans les commentaires oraux des divers concours : un ***Dirigent*** ne désigne absolument pas un "leader" politique en

allemand ; en revanche feu Georg Szolti en était un remarquable puisqu'il était chef d'orchestre (leader, chef de parti = *der Parteichef / der Anführer* s'il ne s'agit que d'un mouvement ou d'un groupuscule).

- Quand on vous propose *eine* ***Dose***, ne pensez pas à mal, il s'agit d'une boîte : *Möchtest du eine Dose Fanta*?

- Les économistes entendent souvent parler de *der* ***Etat*** : les Allemands désignent le budget de l'État sous ce vocable.

- Une personne du beau sexe dotée d'une ***schöne Figur*** n'a pas (nécessairement) un visage avenant, on précise par là que sa silhouette est engageante. *Sie achtet auf ihre Figur* = elle surveille sa ligne.

- En revanche, méfiez-vous si vous vous faites traiter de ***Gift*** *(das Gift)* : ce n'est pas un cadeau, mais on vous trouve empoisonnant(e) (anglicisme-type qu'on retrouvera dans le chapitre Anglicisme ou la Perfide Albion).

- Un vieux monsieur qui ***hantiert mit seiner Fahrradkette*** n'est pas un vieux spectre hantant un domaine, mais quelqu'un qui est affairé avec sa chaîne à vélo (hanter = *spuken* avec un *k* seul).

- Quand le ***Intendant*** *(der)* de la première chaîne de télévision (publique) ARD prend la parole dans une réunion, on l'écoute parce que ce terme recouvre la fonction de PDG (et non d'économe ou d'intendant).

- Si votre ***Klavier*** *(das)* a besoin d'être *gestimmt*, vous faites allusion à votre piano qui a besoin d'être accordé, le clavier se disant *die Tastatur (die Taste* = la touche, venant bien sûr du français "taster").

- Les navigateurs ont souvent besoin de leur ***Kompass*** *(der)* = la boussole (le compas se disant *der Zirkel*).

- Un financier catastrophé parce qu'il est menacé de ***Konkurs*** *(der Konkurs)* est bien à plaindre : loin de passer un concours, il court vers la faillite.

- Quand un Allemand présente *sein* ***Konzept*** *(das Konzept)*, il s'agit d'un projet dûment et sérieusement ficelé de a à z, pas d'une vague ébauche.

- Si vous demandez un ***Kostüm*** *(das)* dans une boutique, mieux vaut être une femme car le terme désigne le tailleur femme (pour les messieurs, le costume se dit *der Anzug*).
- ***kulant*** = accommodant, pas compliqué. S'emploie en particulier pour décrire des administrations pas trop tâtillonnes (ça existe), en particulier dans les assurances, quand elles remboursent sans trop rechigner (*auf dem Kulanzweg* = sans trop de paperasserie).
- Si une connaissance vous demande un ***Kuvert*** *(das)*, ce n'est pas qu'il vous apprécie comme commensal, mais qu'elle a besoin d'une enveloppe (se dit aussi *der Briefumschlag*).
- Chercher un bon ***Lokal*** *(das)* peut s'avérer quête difficile si on ne sait pas que c'est un restaurant qu'il faut trouver.
- Eine ***luxuriöse Ausstattung*** désigne un équipement luxueux (et non luxurieux !).
- Un entrepreneur qui se réjouit d'aller à la ***Messe*** *2000* n'est pas nécessairement un croyant très pratiquant qui a d'ores et déjà réservé un siège pour l'office du tournant du millénaire, mais simplement un exposant à la foire de Hanovre, siège de l'exposition universelle en 2000 (*die Messe, -n* = foire-exposition, salon professionnel).
- Une présentatrice vedette de la télévision qui a pour mission de ***moderieren*** une émission n'est pas là pour jouer les modérées : *moderieren* veut dire animer, gérer un débat.
- ***nett*** = sympa (et non pas net = *rein, sauber*) est un classique dans la famille des faux-amis.
- *die* ***Notiz*** n'est pas un mode d'emploi, une notice *(die Gebrauchsanweisung / die Anleitung)* mais une ou des notes griffonnées sur un calepin.
- Quand quelqu'un est qualifié *d'****ordinär***, il faut l'éviter non pour sauvegarder son rang social, mais parce qu'il est tout bonnement vulgaire (et surtout pas ordinaire).

Il nous a été donné d'entendre même des germanistes, des professionnels piégés par la terminologie de l'explication de texte, riche en faux-frères :

- *der* ***Paragraph*** ne désigne jamais un paragraphe, mais un article de loi. Dans une analyse de texte, on utilise *der Absatz (im zweiten Absatz... der Absatz, - "e).*

- De même, certaines citations semblent évoquer un réseau de métro ou de bus : ***Linie*** *2* ne peut se comprendre qu'ainsi : j'ai pris le bus de la ligne 2 ! Pour dire dans un commentaire : "Ligne 23 on trouve le terme..." on écrira : *Zeile 23 steht der Ausdruck... (die Zeile, -n).*

- Un ascenseur qui vous propulse vers *das* ***Parterre*** vous emmène simplement au rez-de-chaussée (et n'entend pas vous écraser au sol).

- On vous traite de ***penibel*** ? Tant mieux ! C'est qu'on vous juge minutieux / se !

- Secouer *sein* ***Plumeau*** (*das Plumeau*) n'est pas l'illusoire agitation d'un manchon bardé de plumes (le plumeau français devient un *Staubwedel* en allemand) mais l'activité consistant à aérer sa *couette.*

- Les ***Praktikantinnen*** *(der Praktikant / die Praktikantin* = stagiaire) les plus médiatisées de ces derniers mois sont sans doute Miss Paula Jones et Miss Monica Lewinsky.

- Si le confort de tel hôtel est qualifié de ***primitiv,*** fuyez : il s'agit de ce qu'on appelle parfois pudiquement confort rustique, en fait rudimentaire.

- *Eine* ***Promotion*** n'est ni une campagne de pub ni un prix réduit et pas davantage une étape dans l'ascension sociale mais une thèse de doctorat.

- A la lecture de documents comptables, on peut faire des erreurs regrettables si on ne comprend pas qu'un ***Quartal*** (*das*) désigne un trimestre (explication logique : $\frac{1}{4}$ de 12 mois = 3 mois).

- Maintenant que vous voilà avertis, vous vous doutez qu'une personne qui se vante de pouvoir ***aushecken*** *einen raffinierten Plan* n'a pas mis au point un plan raffiné mais bien subtil, ingénieux.

- *Eine* ***Rakete*** n'est pas une raquette, mais bien plutôt une fusée, un missile. À rapprocher, si l'on peut dire, de notre roquette.

- Un article de journal bien ***recherchiert*** n'est pas le résultat d'une curiosité paparazzesque mais au contraire un article bien documenté d'un journaliste d'investigation sérieux.
- Idem pour *das* ***Regal*** *(die Regale)* que nos apprenants italianisants ont tôt fait d'assimiler au même cadeau, alors qu'il s'agit plus prosaïquement d'une étagère, d'un rayon de supermarché.
- Si on vous interroge sur *die* beste **Route** à prendre, c'est d'itinéraire qu'il est question et pas de chaussée.
- Quelqu'un qui caractériserait une façon de s'exprimer de *salopp* ne cherche nullement à insulter son interlocuteur ou à lui faire de la peine, *eine* ***saloppe*** *Ausdrucksweise* signifie que la personne visée n'attache pas une importance excessive à la correction linguistique (*salopp* = négligé dans son expression) ou à l'élégance de sa tenue vestimentaire : *eine saloppe Kleidung* = tenue quelque peu négligée).
- Si quelqu'un vous propose *eine* ***Serviette***, il vous suggère de passer à table et non de prendre une douche puisqu'il s'agit d'une serviette de table (la serviette = *das Handtuch*).
- A la lecture de l'énoncé *Jeder Deutsche* ***sortiert*** *jeden Abend seinen Müll*, il ne faut pas entendre que chaque Allemand sort ses poubelles chaque soir, mais qu'au contraire il s'astreint à un tri strict de ses déchets ménagers ! (*sortieren* = faire un tri sélectif : *Die Mutter sortiert die Socken nach Farben.* = La maman trie les chaussettes en fonction de leur couleur.)
- Si d'aventure un automobiliste se désole que son ***Tank*** *(der)* soit *leer*, c'est que le réservoir de sa voiture est vide mais pas qu'il n'y ait personne à bord d'un char d'assaut (= *der Panzer*, terme qui désigne à l'origine la carapace, la cuirasse).
- *Du hast aber ein tolles* ***Toupet*** n'implique rien quant au tempérament de la personne visée mais en dit long sur l'état de sa capillarité (la moumoute, perruque, postiche).
- *Der* ***Tresor*** n'est pas un trésor *(der Schatz)* mais ce qui le renferme, à savoir un coffre-fort.
- Un journaliste qui entendrait le champion cycliste Jan Ullrich affirmer haut et fort qu'il ne désespère pas de remporter en 2000 *das gelbe*

Trikot ne doit pas se méprendre : loin de se mettre au tricot, il vise l'obtention du maillot jaune.

- *Die* ***Visite*** (-n) évoque plus la visite d'un médecin en milieu hospitalier (une visite se disant *der Besuch*).

TROUSSE DE SECOURS

Akademiker (der)	universitaire (diplômé de l'université)
Alimente (plur.)	pension alimentaire
Art (die)	sorte, espèce
Baiser (das)	meringue
brav	gentil
Demonstration (die)	manifestation
Diäten (plur.)	émoluments (députés)
Differenz (die)	le différend
Dirigent (der)	chef d'orchestre
Dose (die)	boîte
Etat (der)	budget
Figur (die)	silhouette
Gift (das)	poison
hantieren	manipuler, s'affairer
Intendant (der)	PDG (audiovisuel, théâtre)
Klavier (das)	piano
Kompass (der)	boussole
Konkurs (der)	faillite
Konzept (das)	projet détaillé
Kostüm (das)	tailleur (dames)
kulant	arrangeant
Kuvert (das)	enveloppe
Linie (die)	ligne de métro, bus
Lokal (das)	restaurant
luxuriös	luxueux
Messe (die)	salon, exposition
moderieren	animer (media)
nett	sympa
Notiz (die)	note (prise)
ordinär	vulgaire
Paragraph (der) a	article de loi
Parterre (das)	rez-de-chaussée
penibel	minutieux
Plumeau (das)	couette
Praktikant (der)	stagiaire
primitiv	rudimentaire
Promotion (die)	doctorat
Quartal (das)	trimestre
raffiniert	subtil
Rakete (die)	fusée
recherchiert	documenté
Regal (das)	étagère
Route (die)	itinéraire, trajet
salopp	négligé
Serviette (die)	serviette de table
sortieren	trier
Tank (der)	réservoir
Toupet (das)	moumoute
Tresor (der)	coffre-fort
Trikot (das)	maillot (sport)
Visite (die)	tournée (médicale)

2. Les faux-frères

Cette grande tribu compte aussi dans ses rangs les faux frères, ces mots qu'on cerne à peu près mais que souvent on utilise pile à contre-emploi.

- Dans la famille ***Akt***... on trouve :

  – *der Akt* (-e) désigne rarement l'acte sauf au théâtre (*Im ersten Akt*... = dans le premier acte...), mais plus souvent un nu en art.
  – *die Akte* (- n) est un dossier administratif.
  – *die Aktie* (-n) évoque bien sûr l'action cotée en bourse.
  – *die Aktion* (-en) fleure bon son engagement politique.

- Dans la gent verbale, 3 exemplaires sont riches en sources de confusion : ***bieten*** – ***bitten*** – ***beten*** ; car, d'une manière simpliste, on pourrait dire que 2 membres de cette sainte trinité tournent autour de l'idée de "prier". Distinguons, nous vous en prions :

  • *bitten, er bittet, er bat, er hat gebeten* = prier au sens de demander, supplier, quémander
  Deux constructions possibles : + um AKK / zu + infinitif

  > *Ich bitte Sie* ***um*** *Hilfe*
  > *Er hat mich* ***um*** *Hilfe gebeten*
  > *Ich bitte Sie, mir* ***zu*** *helfen*

  Substantif = *die Bitte* (-n).

  Ce verbe est de loin le plus fréquent et le plus utile (cf. aussi chapitre *demander*).

  • *bieten, er bietet, er bot, er hat geboten* = offrir, proposer (souvent au sens commercial du terme).
  Très souvent, le composé *an*bieten est utilisé : *er bot mir seine Unterstützung an.*
  Das Angebot (-e) = offre, est très demandé en économie.

  > *Das Gesetz von Angebot und Nachfrage.*
  > La loi de l'offre et de la demande.

- Le 3e et dernier est bien plus rare, car réservé quasiment au domaine théologique ; c'est la prière religieuse :
  beten, er betet, er betete, er hat gebetet
  Substantif = *das Gebet (-e)*.

■ Un couple infernal qui piège hélas bon nombre de bacheliers ou de traducteurs en herbe : *je**ne** / je**de**.*

Si *jeder, jede, jedes* est bien connu au sens de chaque, en revanche *jener, jene, jenes* est moins bien identifié en tant que démonstratif, au sens de "celui / celle-là" :

> *An jenem Abend blies ein starker Wind.*
> Ce soir-là, un vent fort soufflait (et NON : chaque soir !)

■ Plus embêtante, mais hélas entendue et lue trop souvent : la confusion entre ***leben*** et ***lieben***. Les 2 verbes sont faibles, on peut aussi rétorquer que le premier n'est pas concevable sans le second, mais rappelons :

leben = vivre	la vie = *DAS Leben* (et non die Lebe !)
lieben = aimer	l'amour = *die Liebe*

■ Juste un peu moins riche en termes proches, mais plus fertile en confusions de tous ordres est le groupement autour de ***MIET / MITT** :*

die Miete (- n) = le loyer

die Mitte (- n), le milieu, subit la rude concurrence de son collègue british *middle* et se trouve fréquemment grimé en *Mittel.*

Il est vrai que pour désigner la Méditerranée (soit la mer au milieu des terres), les géographes allemands utilisent... *Mittel*!: *das Mittelmeer.*

or das Mittel (-) = le moyen

> *Die modernen Kommunikationsmittel*
> *Ein Finanzierungsmittel* (mode de financement)
> *Ein Ausdrucksmittel* (moyen d'expression)

■ Dans la famille ***Tablett***... sont fréquents :

das Tablett (s) décrit le plateau de service, en cuisine

die Tablette (- n) se mange certes, mais pas sous forme de chocolat (là on dit *eine Tafel Schokolade*) mais pour un médicament, puisqu'il s'agit d'un cachet, d'un comprimé.

■ La famille ***-age*** compte deux membres éminents :

– *die **Garage*** (qui a changé de genre en passant vers l'allemand) n'est que privé, un garage au sens de station-service étant *die Werkstatt.*

– Percevoir *eine **Gage** (die Gage)* ne signifie pas qu'on a perdu une manche dans un jeu de société convivial, mais qu'on perçoit des cachets (artiste).

■ Très employé en marketing – n'en déplaise à la mère catique – le fameux *das **Image*** est d'abord souvent prononcé à la française (das

IMITCH semble plus adapté et fidèle) et désigne l'image de marque, le prestige, le renom (cf. rubrique de phonétique intitulée ACIS).

- Dans ce contexte de l'image, la famille ***Bild*** donne lieu à de multiples confusions :

  das Bild (die Bilder) = image, portrait, dessin, photo, représentation

  Ce terme basique (le pluriel déjà pose manifestement problème comme en témoignent les innombrables copies de concours tant économiques que scientifiques) est souvent panaché avec ses avatars que sont :
  die Bildung = la culture (*die Schulbildung* = formation scolaire)
  die Ausbildung = la formation

  Seien Sie im Bilde!
  Soyez au courant !

- Un terme économique à qui on donnerait le bon euro sans confession est sans nul doute *die* ***Investition*** (*die Investitionen*) : s'il est évident à comprendre au premier coup d'oreille (il signifie bien *l'investissement*), en revanche il faut bien constater que ce n'est pas lui qui apparaît spontanément dans un commentaire ou un thème. Il en va de même des investisseurs : *der Investor (-en)*.

- *Die* ***Reparatur*** *(-en)* désigne la réparation (mécanique par ex.), tandis que *die* ***Reparation*** *(-en)* est réservé aux historiens (réparations payées après les deux Guerres mondiales).

- Mention spéciale également pour les faux frères jumeaux que sont ***original*** et ***originell*** *:*

  Diese Uhr ist ***original*** *schweizerisch* n'est pas un hommage à l'originalité, au design révolutionnaire mais signifie qu'elle est authentiquement suisse, que ce n'est pas une imitation made in petits dragons.

  Seine Argumentation ist ***originell*** au contraire signifie que l'argumentation est originale.

Résumons :

ALLEMAND	FRANCAIS
original	*originel*
originell	*original*
kommerziell	*commercial*

(NB : l'aspirine n'est pas livrée avec cet ouvrage).

- Dans le même ordre d'idées, si *der General* désigne bien un gradé, par contre ***generell*** signifie plutôt *en général, en règle générale.*

- Dans ces conditions, rien ne s'oppose plus à ce que ***speziell*** veuille dire *spécial* et *prinzipiell = par principe.*

3. Les traitres (faux-jetons)

Dans les rangs de ces pires d'entre les pires, il y a ceux qui se ressemblent de peu et ceux qui se ressemblent un peu beaucoup trop.

- ***Ehe*** : *die Ehe (-n)* = union conjugale
  ehe = *bevor,* conjonction de subordination = avant que / avant de

  Ehe du kommst, kauf doch bitte noch eine Flasche Chianti.
  Avant de venir, achète stp encore une bouteille de chianti.

- ***bereit*** = prêt, disposé

  Ich bin gern bereit, dir zu helfen.

  bereits = déjà

  Das Spiel hatte bereits begonnen.

- Le progrès a beau faire rage, il lui faut un T : *der* ***Fortschritt*** *(die Fortschritte).* C'est sans doute le règlement, *die* ***Vorschrift,*** qui lui fait barrage.

- Poser une bouteille sur une surface plane exige du doigté puisque :
  die ***Flasche*** (*-n*) = la bouteille
  die ***Fläche*** (*-n*) = la surface

- Même histoire pour *Geschichte* et *Gesicht* :
  die ***Geschichte*** *(-n)* = l'histoire
  das ***Gesicht*** *(-er)* = le visage

  Das wahre Gesicht der Geschichte blieb lange unbekannt.
  Le vrai visage de l'histoire demeura longtemps ignoré.

■ Dans la série des couples infernaux, la cerise et l'église :
die ***Kirsche*** *(-n)* = la cerise
die ***Kirche*** *(-n)* = l'église

■ Confusion à la mode semble-t-il aussi, celle entre *Tat* et *Tatsache*. Rappelons que :
die ***Tat*** *(Taten)* = acte, action (ce qui le rapproche de die Handlung)
die ***Tatsache*** *(-n)* = le fait (souvent suivi de *dass*: *die Tatsache, dass...*)

■ Autre traître fréquent, la paire minimale *etwa-etwas* :
etwas = quelque chose ; un peu de
etwa = par exemple ; environ, à peu près

Wenn du **etwas** *weißt, sag es.*
Si tu sais quelche chose, dis-le.

Hätten Sie noch **etwas** *Kaffee?*
Vous auriez encore un peu de café ?

Zahlreiche Prominente, wie **etwa** *der Bundesinnenminister, waren anwesend.*
De nombreuses personnalités, comme par exemple le ministre fédéral de l'intérieur, étaient présents.

Das Spiel zog **etwa** *18 000 Zuschauer an.*
Le match attira quelque 18 000 spectateurs.

■ Dans le style paire minimale, c'est-à-dire termes ne se distinguant souvent que par le petit ***Umlaut***, citons en particulier les confusions les plus gênantes (et systématiques : testez-vous vous-même !) :
Comment dire payer ?
Eh oui, c'est *zahlen* (variante : *bezahlen*) qui convient !
zählen = compter (cf. *erzählen* = raconter, qui est bien un compte rendu, où le terme de compte réapparaît)
fordern = exiger, réclamer
fördern = encourager, promouvoir, stimuler.
NB : procédé mnémotechnique qui vaut ce qu'il vaut : les deux premières lettres de FOrdern rappellent une organisation réputée pour revendiquer, réclamer.

Übung 1

Lequel des verbes des couples infernaux ci-dessus convient dans chaque phrase respective ?

1. *Die Gewerkschaft .... mindestens 6,5 % Lohnerhöhung.*
   Le syndicat exige un minimum de 6,5 % d'augmentation de salaire.
2. *Diese Steuererleichterung soll die innere Nachfrage ....*
   Les allègements d'impôts sont censés favoriser / stimuler la demande intérieure.
3. *Herr Ober, ich möchte bitte .... !*
   Garçon, l'addition SVP !
4. *Ich .... jetzt bis drei und du bist weg: eins, zwei, drei!*
   Je vais compter jusqu'à trois et c'est toi qui sors : un, deux, trois !

Dérivations abusives

Avec beaucoup de bonne volonté et de sagacité, nos apprenants essaient parfois de comprendre un mot inconnu en le réduisant à ses éléments constitutifs, ce qui est dans l'ensemble une excellente stratégie. Nous citons ici quelques termes – relativement – courants où cette opération ne "marche" pas.

- ***bedürfen*** = nécessiter, avoir besoin de, exiger. Ce verbe dont la conjugaison est bien entendu calquée sur *dürfen* (= avoir le droit) représente un réel piège ; il demande le génitif et son sens change radicalement :

  Deine Äußerung bedarf einer Erklärung.
  Ta déclaration exige / mérite une explication.

- ***billig*** = bon marché. Ce terme ne pose aucun problème et est largement connu, citons toutefois un verbe trompeur : *billigen* (qui de fait ne signifie PAS "être bon marché" !).

  Ich billige deine Entscheidung.
  J'approuve ta décision.

- *der* ***Erfolg*** = le succès. Dès que le verbe *erfolgen* apparaît dans un texte (une version en particulier), même le germaniste consciencieux en arrive à commettre un contresens s'il ne sait pas que *erfolgen* ne signifie *pas* avoir du succès, mais *se produire, avoir lieu* :

Die Abstimmung erfolgte gleich nach Bekanntwerdung seines Rücktritts.
Le scrutin eut lieu juste après l'annonce de sa démission.

- Si ***die Lust*** signifie bien l'envie, le plaisir, en revanche *der Verlust* a une toute autre origine, puisqu'il est dérivé de *verlieren (o, o)* = perdre ; *der Verlust* = la perte.

- *der* ***Mut*** = le courage. Ce terme bénéficie d'un taux de connaissance déjà moindre que le précédent mais l'adjectif *mutig* = courageux rend bien des services. En revanche, *vermuten* n'a que peu de rapport avec la traduction de *Mut* par courage puisqu'il signifie supposer, faire une hypothèse.

  Man konnte vermuten, dass der neue VW Beetle ein Verkaufshit wird.
  On pouvait supposer que la nouvelle coccinelle de VW sera un succès commercial.

  (NB : *der Verkaufshit* ne désigne pas une drogue nouvelle ! Il résulte de : *der Verkauf* + l'anglicisme *der Hit* avec le *s* de joncture, de "colle").

- ***schließen*** = fermer, clore. Ce verbe fait partie des forts connus avec l'automatisme musical *schloss, geschlossen*. Son compère *erschließen* n'en est que plus traître, lui qui signifie exactement le contraire, à savoir ouvrir !

  Im Rahmen der Weltraumstation ISS erschließen sich den Forschern ungeahnte Möglichkeiten.
  Dans le cadre de la station spatiale ISS, des possibilités insoupçonnées s'ouvrent aux chercheurs.

- ***vermögen*** = pouvoir, être capable de. Basé sur le modal *mögen* (= aimer bien, vouloir bien), ce verbe s'apparente plutôt à *können* dans la même famille, sauf qu'il est suivi de *zu* + infinitif :

  Nach seinem Unfall vermochte er nicht mehr zu sagen, wie er heißt.
  Après son accident, il n'était plus en mesure de dire comment il s'appelait.

- ***wagen*** = oser, se hasarder à. Aucun rapport en revanche avec le substantif motorisé *der Wagen.*

  Wie können Sie es wagen, in diesem Ton mit mir zu sprechen?
  Comment osez-vous me parler sur ce ton ?

- ***warten*** = entretenir, assurer le service après-vente. Faible comme le verbe attendre, ce *warten* là est pourtant méconnu mais de plus en

TROUSSE DE SECOURS

billig = bon marché
billigen = approuver
dürfen = avoir le droit
bedürfen = nécessiter
der Erfolg = le succès
erfolgen = se produire, avoir lieu
mögen = aimer bien
vermögen = être en mesure de
der Mut = le courage
vermuten = supposer
schließen = fermer
erschließen = (s') ouvrir
warten = assurer l'entretien, le SAV

plus utilisé par suite de la logique commerciale qui en fait un argument de vente décisif :

Unser neues Modell muss nur alle 50 000 km gewartet werden.
Notre nouveau modèle ne nécessite de révision que tous les 50 000 km.

- *Der* ***Wartungsdienst*** effectue ce que les spécialistes appellent du reste aussi *eine Inspektion* (révision), autre faux frère.

Rappel : *warten* au sens d'attendre se construit normalement avec la préposition *auf* + accusatif :

Ich warte schon eine geschlagene Stunde auf dich!
Cela fait une heure bien sonnée / tassée que je t'attends !

L'emploi menaçant dans des énoncés du type *Na wird's bald, ich warte*?! = "Ça vient, j'attends" n'est pas contradictoire (*Ich warte auf deine Antwort / Reaktion* est en fait sous-entendu).

Übung 2
Intégrez le terme qui vous semble convenir

1. Herr Demehl wird am Telefon.............. (demandé).
2. Sie hat mich um eine kleine Gefälligkeit.............. (prié).
3. Konntest du.............. Neues erfahren?
4. Einige südliche Länder der EU, wie.............. Spanien, fragen sich, ob und wann der Euro zu ihnen kommt (un adverbe unique pour dire : par exemple).
5. Nach der kosmetischen Operation zeigte sie ihr wahres..............
6. Frankreich versucht, die Erdölvorkommen (gisements de pétrole) in der Arktis zu..............
7. Der erste.............. des Textes bildet eine Art Einführung (paragraphe).

8. Die meisten Bundesbürger.............. jeden Tag ihren Hausmüll (trier).
9. Als offizieller Autoversorger der Bundesregierung kann Audi sein.............. pflegen (prestige).
10. Den neuen Roman von King finde ich nicht besonders.............. (original).

Les vrais amis (on s'amuse outre-Rhin)

Par excès de perfectionnisme ou suite à un accès de germanite aiguë, les candidats francophones s'évertuent à éviter à tout prix l'usage de termes qui ressembleraient trop au français. Ce souci louable de ne pas tomber dans les rets des faux-amis (cf. ce chapitre) ne doit pas faire négliger des ressources intéressantes :

- verbes en ***-ieren*** par ex. :

  abonnieren – explodieren – fotografieren – ignorieren – illustrieren – sich konzentrieren – legalisieren – operieren – profitieren (von + datif*) – provozieren – publizieren – reparieren – rezitieren – transportieren*

  gratulieren (suivi du datif en allemand) évoque assez fortement son confrère français congratuler pour mériter d'être cité ici : *Der Trainer gratulierte ihr zum Sieg* (l'entraîneur la félicita / congratula pour sa victoire).

  amortisieren – kritisieren sont un peu à part : leur sens est évident et ils ne sont pas traîtres à cet égard ; mais méfiance tout de même, car le réflexe naturel pour dire amortir et critiquer serait amortieren ou kritikieren, formes erronées que l'on rencontre de fait fréquemment.

  Tous ces verbes sont faibles, ils forment donc leur prétérit en *-te* et leur participe 2 en *-t* :

  *Er reparier**te** das Auto in Sekundenschnelle.*
  Il répara la voiture en un clin d'œil.

  *Die koreanischen Touristen haben die Wasserfälle fotografier**t**.*
  Les touristes coréens ont photographié les chutes.

  Comme l'accent porte sur le suffixe *-ieren*, le participe 2 de ces verbes ne comporte pas l'augment ***ge-*** *:*

Der Laborant hat den Frosch seziert.

Le préparateur a disséqué la grenouille.

Dans cette famille - *ieren*, un verbe méconnu dont il n'y a pourtant pas lieu de se méfier est *sich amüsieren*.

Il signifie vraiment *s'amuser* !

Wir haben uns auf dieser Fete köstlich amüsiert.

Nous nous sommes rudement bien amusés lors de cette fête.

Dans l'exemple ci-dessus, *die* ***Fete*** (prononcez "fée-teu") fait pendant à *das Fest*.

- Le même sort semble réservé à ***profitieren von*** + datif :

  Er hat von seinem Urlaub voll profitiert.

  Il a pleinement profité de ses vacances.

- ***nuancieren*** et son participe *nuanciert* font l'objet du même ostracisme alors qu'ils peuvent rendre bien des services.

  Même si *nuanciert* ne signifie pas exactement *nuancé* mais plutôt subtil, raffiné jusque dans les moindres nuances, il est utilisable sans complexes.

  Dieser Ausdruck klingt eher nuanciert.

  Cette expression paraît plutôt / assez nuancée.

- ***akzeptieren*** est souvent mal accepté, peut-être à cause de son orthographe (acc = aKZ), mais ce traitement est injustifié :

  Diese Formulierung kann man ruhig akzeptieren.

  On peut accepter cette formulation sans problème.

- De même, gardent leur sens d'origine (souvent avec très peu de changements significatifs) :

  die ***Manieren*** (plur.) = les (bonnes / mauvaises) manières,

  die ***Maschine*** (-n) est intéressant (e) ; s'il signifie la machine :

  Eine neue Bügelmaschine wurde von Rowenta entwickelt.

  Rowenta a mis au point une nouvelle machine à repasser

  il désigne aussi la moto :

  Er fährt eine schwere Maschine.

  ou l'avion :

  Die Maschine aus Vancouver landet soeben.

Du reste, ces emplois spécifiques du terme expliquent que les noms de motos ou d'avions sont pour la plupart féminins :

Die neue BMW ist sehr sicher
Die Boeing der letzten Generation fliegt sozusagen von selbst

- *das* ***Phänomen***

Es handelt sich dabei um ein stark verbreitetes Phänomen
Il s'agit là d'un phénomène largement répandu

- *die* ***Provokation*** *(-en)*
- *die* ***Toilette*** = singulier en allemand quand il correspond à nos toilettes
- *der* ***Tourismus***
- *die* ***Tradition*** *(-en)*
- *die* ***Transfusion*** *(-en)*

Übung 3
Traduisez.

1. Beaucoup d'Allemands sont abonnés à un quotidien.
2. Il n'a jamais été vraiment accepté par son beau-père.
3. Certaines entreprises profitent de la crise.
4. La nouvelle fusée porteuse a malheureusement explosé juste après le départ.
5. C'est autour de Noël que l'on consomme le plus.

LES IRRÉDUCTIBLES

Cette appellation n'est nullement péjorative, elle est au contraire un rappel pour tous ceux qui savent à quel point l'apprentissage est parfois difficile parce que certains termes – pas nécessairement les plus compliqués d'ailleurs – résistent encore et toujours à tout effort de mémoire.

Il semblerait, au fil des concours et des examens – l'inénarrable bac en est un – que les suivants appartiennent à ces irréductibles.

<table>
<tr><th>On entend souvent</th><th>Sens</th><th>On aimerait entendre / lire</th></tr>
<tr><td>*Der Problem / die Probleme ist, daß...*</td><td>le problème est que..</td><td>***das*** *Problem*</td></tr>
<tr><td colspan="3">C'est le pluriel qui donne *die Probleme* (BLE est accentué).</td></tr>
<tr><td>*der Welt*</td><td>le monde</td><td>***die*** *Welt*</td></tr>
<tr><td colspan="3">Souvent utilisé au datif pour des raisons pratiques (l'enseignement et les thèmes récurrents dans notre système fait que l'on fait semblant de brasser les grands problèmes de notre temps).
D'où : "dans le monde moderne" = *In der modernen Welt...*</td></tr>
<tr><td>*der Arbeit*</td><td>le travail</td><td>***die*** *Arbeit*</td></tr>
<tr><td colspan="3">Simple isomorphisme, le genre français est plaqué sur l'allemand. Rappelons : au chômage, sans emploi = arbeitslos ; un chômeur = ein Arbeitsloser.</td></tr>
<tr><td>*die Lebe*</td><td>la vie</td><td>***das*** *Leben*</td></tr>
<tr><td colspan="3">Le terme est neutre comme tous les verbes directement substantivés (cf. *das Essen / das Fernsehen*). Encore un pur cas d'imitation (avec le -e qui "sonne" féminin semble-t-il aux oreilles de nos étudiant(e)s).</td></tr>
<tr><td>*ein Kinder*</td><td>l'enfant</td><td>***das*** *Kind (die Kinder = pluriel)*</td></tr>
<tr><td colspan="3">En effet, le pluriel est quasi systématiquement employé pour le singulier. Peut-être à cause de la gourmandise chocolatière de nos apprenants.</td></tr>
<tr><td>*der Vorschrift / voire mieux, car preuve d'un certain apprentissage : der Forschritt*</td><td>le progrès</td><td>*der For**t**schritt*</td></tr>
<tr><td colspan="3">*der For**t**schritt* vient de *schreiten, der Schritt* = le pas en avant et de fort, impliquant un départ, une avancée.</td></tr>
</table>

Interférences culturelles françaises

Il s'agit d'expressions conventionnelles en français, d'idiomes ou simplement d'habitudes de langage qui poussent à l'erreur.

- La deuxième guerre (le "mondiale" est toujours sous-entendu comme évident, ce ne l'est pas pour un Allemand qui se demandera si vous voulez parler de la deuxième guerre punique ou d'une autre).

  der zweite Krieg — *der zweite **Welt**krieg*
  im zweiten Krieg — *im zweiten **Welt**krieg*

Nach dem zweiten Krieg — *Nach dem zweiten **Welt**krieg*

Dans :

- Berlin est la première ville d'Allemagne.

Berlin ist die erste Stadt Deutschlands. — *Berlin ist die größte Stadt Deutschlands.*

Hambourg est la deuxième ville d'Allemagne. — *Hamburg ist die zweitgrößte deutsche Stadt, et NON : Hamburg ist die zweite Stadt Deutschlands (cf. chap. ordinaux).*

La confusion entre des termes proches est traitée dans le chapitre "faux frères" :
bitten – bieten – beten
Tablett – Tablette
Miete – Mitte – Mittel
Geschichte – Gesicht
Bild – Bildung

Ces mots fréquents qu'on reconnaît mal

Il s'agit ici d'une collection de termes qui donnent souvent lieu à des confusions pour des raisons diverses (ressemblances, approximations).

- *Der **Krach*** comme synonyme de der Lärm désigne bien le bruit (vacarme, tapage, tumulte). Il a connu une plus grande fortune internationale en économie : *der Börsenkrach von 1929* = le krach boursier de 1929.

  Mach nicht so einen Krach!
  Ne fais pas tant de bruit !

- Si *der Krieg* n'est guère ignoré (cf. emploi spécial de *Weltkrieg* dans le chap. "irréductibles"), en revanche, nos apprenants ne connaissent que rarement, sauf si les collègues enseignants les ont emmenés en Allemagne, un verbe que les Allemands utilisent presque systématiquement comme synonyme de "*bekommen*" et qui jouit presque d'un statut d'auxiliaire en allemand vernaculaire, nous avons nommé ***kriegen***.

Ich habe Angst gekriegt.

(= j'ai eu la trouille, pour rester dans le même niveau de style que celui impliqué par kriegen)

Zu Weihnachten hat sie eine sprechende Barbie-Puppe gekriegt.

A Noël, elle a reçu une poupée Barbie parlante.

Im Restaurant hat er eine Forelle blau serviert gekriegt.

Au restaurant, il s'est vu servir une truite au bleu.

Dans ce dernier cas, "*kriegen*" fait double emploi avec "*bekommen*" dans le rôle qu'il joue parfois comme substitut du passif (au lieu de "*Es wurde ihm eine Forelle serviert*", on peut dire : "*Er bekam eine Forelle serviert*"). D'où son statut de presqu'auxiliaire.
On le voit, **aucun rapport** avec le substantif martial et belliqueux qu'est *der Krieg,* la guerre ! *kriegen* ne signifie pas guerroyer, faire la guerre (*einen Krieg* ***aus****tragen*).

- *passieren*. Tout le monde connaît "*was ist passiert?*" = Qu'est-ce qui s'est passé ?

  En revanche, par une méfiance toute légitime, on ignore souvent que, dans un cas, *passieren* = passer, franchir :

  Sie haben die Grenze bei Frankfurt an der Oder passiert.

  Ils ont franchi la frontière près de Francfort sur l'Oder.

- Ces dernières années, on voit apparaître un comparatif abusif de ***mehr***, en la personne de *mehrere,* voire la confusion pure et simple, *mehrere* étant pris au sens de beaucoup, nombreux.

  Rappelons que :

  - *mehr* = plus, davantage.

    Er weiß mehr als sein Bruder.

    Il en sait plus que son frère.

  - *mehrere* = plusieurs

    Es sind mehrere Monate vergangen.

    Plusieurs mois ont passé, se sont écoulés.

  - nombreux = *zahlreiche*

    Zahlreiche Schumacherfans wurden von ihrem Idol enttäuscht.

  - beaucoup (de) = *viele*

Ces mots qui ont mauvais genre

Nous n'avons pas la prétention de donner LA recette permettant de trouver infailliblement le genre des mots sans les apprendre : cet illusionnisme n'est pas pour nous plaire. Relativisons dans un premier temps les fautes de genre : sauf s'il s'agit de termes basiques ou évidents (le genre féminin de *Mutter* ne devrait faire l'objet d'aucune espèce de velléité d'once de doute) où un dérapage est toujours fâcheux car évitable, une faute de genre n'entrave que rarement la communication !

Cette rubrique est dédiée à tous ces termes injustement maltraités et privés de leur sexe d'origine, et ce quel que soit le niveau d'apprentissage : du collégien au Sup de Co, une majorité s'y perd et recourt au procédé de facilité classique : transférer le genre français en allemand.[1] C'est le cas pour :

- Des mots courants qui sont MASCULINS en français mais FEMININS en allemand (ordre alphabétique allemand).

le travail	*DIE Arbeit*
le danger	*DIE Gefahr*
l'amour	*DIE Liebe*
le parti	*DIE Partei*
le soleil	*DIE Sonne*
le monde	*DIE Welt*
le nombre	*DIE Zahl*
le temps	*DIE Zeit*

  ainsi que les 3 "strates", le passé, le présent et l'avenir
  DIE Vergangenheit / DIE Gegenwart / DIE Zukunft

- FÉMININS en français mais NEUTRES en allemand :

la glace	*DAS Eis*
la fin	*DAS Ende*
la loi	*DAS Gesetz*
la conversation	*DAS Gespräch*

[1] Ce chapitre est complété utilement par le chapitre "Le petit Mousse".

la vie	*DAS Leben*	(et NON le systématique *die Lebe*!)
la jeune fille	*DAS Mädchen*	

■ MASCULINS en français mais NEUTRES en allemand :

l'exemple	*DAS Beispiel*
l'intérêt	*DAS Interesse*
le pays, le land	*DAS Land*

■ Le mot qui pose problème est *das Problem* ; ce terme est victime soit de son pluriel (*die Probleme*) soit de son orthographe française qui lui vaut ce *-e* (tare qu'il partage avec *das System* du reste).

Es ist ein aktuelles Problem.

Souvent, les étudiants, en désespoir de cause, commencent leurs phrases par une amorce passe-partout typiquement française (le problème est que...), ce qui donne *Das Problem ist, daß...* peu élégant d'une part mais souvent déformé en *Die Probleme ist, daß...* Alors que ni l'un ni l'autre ne se disent (cf. chapitre STYLE).

■ Audi / Porsche / Twingo: les noms / marques de voitures sont (quasiment) toujours du masculin, à cause de *der Wagen.*

Er fährt einen silbergrauen Porsche.
Il pilote une Porsche gris argent.

Ceci est particulièrement frappant pour nous Français quand nous entendons évoquer la plus représentative des voitures allemandes, qui porte du reste un prénom hispanique féminin :

Ich werde mir wahrscheinlich den letzten Mercedes der S-Klasse leisten.
Je vais sans doute m'offrir la dernière Mercedes de la classe S.

■ Par contre, dès qu'il s'agit de motos, les mêmes marques / types se retrouvent au féminin :

Werner hat die neue BMW ausprobiert.
Werner a testé la dernière BM(W).

■ La même chose vaut pour les bateaux :

Letzten Sommer lief die Norway, d.h. die ex-France im Hafen von La Rochelle ein.
L'été dernier, le Norway, c.-à-d. l'ex-France a fait escale dans le port de La Rochelle.

S'y ajoutent certains mots ayant 2, voire 3 genres différents, ce qui entraîne souvent des glissements de sens. Il existe des listes exhaustives dans toutes les bonnes grammaires. Fidèles à notre optique, nous n'évoquerons ici que ceux que nous avons le plus fréquemment rencontrés sur nos copies et entendus lors de prestations orales.

- Une mention spéciale revient à *Virus* : depuis la prolifération du virus HIV, ce terme revient trop souvent hélas avec une connotation dramatique. L'orthodoxie voudrait que l'on dise et écrive *das Virus*. Mais il apparaît de plus en plus que *der Virus* s'impose, en particulier dans la langue journalistique. Ne prenons donc pas en grippe ce neutre !

  Rappel :
  das Virus (die Viren) = le virus (biologie)
  der Virus (die Viren) = le virus (informatique)
  Mais cette distinction n'est guère plus faite, même dans un organe de presse sérieux comme DIE ZEIT.

- MOTS dont le genre peut fluctuer mais pas le sens :
  der / das Liter
  der / das Filter
  der / das Meter

- MOTS ayant plusieurs genres et plusieurs sens :
  der Band (Bände) = tome, volume
  die Band (Bands) = orchestre (softpop par ex.)

  das Band (Bänder) = ruban
  das Band (Bande) = lien. ATTENTION : *die Bande (Banden)* = la bande est souvent assimilé à ce concept.

  der Gehalt (Gehalte) = teneur, contenu (textes scientifiques : mesures ; et économiques : frêt)
  das Gehalt (Gehälter) = traitement, salaire (textes économiques)

  der Junge (Jungen) = garçon
  das Junge = petit (d'un animal)

  der Kaffee (PRONONCEZ : KAffee) = le café que l'on boit
  das Café (*Cafés*) PRONONCEZ : caFE = le café où l'on boit

  die Mark = le mark (devise) *die Deutsche Mark, eine Mark* (Prohibons une fois pour toutes, l'invention des analphabètes comme leurs pieds de la presse s'obstinant à évoquer l'improbable DEUTSCHMAK).

Grâces soient rendus à l'Euro (*der* Euro kommt) qui dissipera au moins ce malentendu[1].
das Mark = la moelle.

der Moment (Momente) = le moment, instant
das Moment = facteur déclencheur

der Schild (Schilde) = bouclier (terme qui paraît désuet, mais pensons aux textes évoquant des manifestations avec jets de projectiles où les forces de l'ordre entre autres se protègent).
das Schild (Schilder) = panneau, pancarte. De loin le plus fréquent des deux.

der See (Seen) = lac
die See = la mer (*die Ostsee* = la Baltique)

die Steuer (Steuern) = taxe, impôt
das Steuer (-) = le volant (véhicule)

der Tor (Toren) = le fou, l'idiot
das Tor (Tore) = le but (foot par ex.)

der Verdienst (Verdienste) = gain, bénéfice
das Verdienst (Verdienste) = mérite

Le petit mousse

Nous évoquons ici un des aspects du problème du genre car certaines erreurs répétées ont le don d'horripiler, ce qui peut être préjudiciable lors d'un concours.

- Les mots formés à l'aide du suffixe ***-ismus*** sont tous masculins, ou du moins tous ceux qu'utilisent nos apprenants. En effet, ce *-ismus* correspond dans une large mesure à nos mots en *-isme,* comme *der Idealismus* par exemple.

1. Même si parmi les 11 pays pratiquant l'euro, il y a sans doute au moins une demi-douzaine de prononciations différentes : du "iouro-ou" à la british au "œil-rot" allemand en passant par les "et-où-rot" italo-hispano-lusophones !

- *Das* ***Apfelmus***, dérivé de *das Mus* = la compote, n'est réellement ni significatif ni franchement utile.
- Les mots formés sur les suffixes ***-schaft*** et ***-heit***, ***-keit*** sont féminins :
  Un futur économiste se trompant systématiquement sur *Gesellschaft* et *Wirtschaft* (tous deux féminins) se discrédite lui-même.
- Les substantifs sur ***-ung*** sont statistiquement dans leur majorité féminins : *die Zeitung, die Rechnung, die Meinung, die Haltung, die Schätzung,* mais :
  der Sprung / der Vorsprung par exemple viennent démentir cette recette.
- Les diminutifs sur ***-lein*** et ***-chen*** sont neutres, ce qui peut poser problème, car parfois le sens de certains de ces diminutifs les oriente nettement dans la zone du féminin :
  si *das Haus* donne *das Häuschen* fort logiquement, en revanche *das Mädchen* évoque clairement un être féminin, à telle enseigne que la reprise de *Mädchen* par un pronom personnel se fait souvent par *"sie"* : *Das Mädchen erschrak sehr. Deshalb weinte sie* (*"es"* en grammaire strictement orthodoxe, mais les grammairiens allemands semblent plus tolérants que nous autres germanistes français).
  Il en va de même pour le diminutif de *die Frau - das Fräulein.*
  Pour *das tapfere Schneiderlein* (= le petit tailleur du conte) en revanche, moins d'hésitation.

Nous avons traité le cas particulier des mots à genres multiples dans le chapitre Mauvais genre.

Übung 4

Quel article pour ces substantifs ?

Ex. : Egoismus *der* Egoismus
Nationalismus / Krankheit / Freiheit / Optimismus / Krankenschein / Sozialismus / Schwierigkeit / Seilschaft / Fläschchen / Freundschaft / Hochrechnung

II. PHONETIQUE

ACIS

Sans doute grâce à leur parenté linguistique, les locuteurs allemands, il faut bien le constater, ont une meilleure volubilité et phonétique anglaise que les locuteurs français. Or, certains concepts incontournables à l'heure actuelle peuvent à l'oral faire l'objet de cruels malentendus, au sens fort de ce dernier terme.

Nous avons sélectionné quelques termes très fréquents dont la mauvaise production phonétique peut provoquer des étonnements. Nous recourons à contrecœur aux humiliantes ficelles des méthodes commerciales permettant d'assimiler la phonétique correcte, mais l'expérience montre là encore l'échec patent de la formation actuelle.

■ *Action*

> *Es gibt viel Action in diesem Film.*
> C'est un film comportant beaucoup d'action (var. : ça dégage).

■ *das Image* = image de marque, renom, prestige

> *Trotz Probleme mit seiner A-Klasse hat das Image von Mercedes nicht zu arg gelitten.*
> En dépit des problèmes avec la classe A, l'image de marque de Mercedes n'a pas trop souffert.

■ *der Service* = les services (variante de plus en plus utilisée semble-t-il par rapport à "*die Dienstleistung*")

D'où notre

TROUSSE DE SECOURS

⇒ action = êke-tcheunne
⇒ der Champion = tchaime-pienne
⇒ das Image = Imitch
⇒ der Service = sœur-vice

In der Service-Branche können zahlreiche Arbeitsplätze geschaffen werden.
De nombreux emplois peuvent être créés dans le secteur des services.

L'ALPHABET, UN JEU D'ENFANT

Plus le niveau de nos apprenants est élevé, moins ils se souviennent de la façon dont on prononce les lettres de l'alphabet quand elles ne forment pas des mots, mais quand elles apparaissent par ex. dans des sigles et abréviations. Or, ceux-ci sont fréquents dans les langues plus spécifiques que sont l'économie et les sciences en particulier.

Les **oublis** phonétiques les plus frappants :

■ C se dit tsé	*Vitamin C ist wirksam gegen Grippe.*
■ E se dit é	Il faut donc éviter de mettre des accents sur les *e* allemands à l'écrit. *die EU (= Europäische Union)* se dit "é-où"
■ G se dit gué	*Die Daimler Benz AG (AG = Aktiengesellschaft,* soit SA, société anonyme) se dit "a-gué"
■ H se dit Ha	*Das Kennzeichen von Hamburg ist HH* (= Ha-Ha). Rappel : HH = Hansestadt *Hamburg.* *ein BH Größe 85 (der BH = Büstenhalter,* soutien-gorge) se dit "bé-ha".

■ J se prononce comme yacht, yotte	*Die DJH* (*Deutsche Jugendherberge* = Auberge de jeunesse Allemande) se dit "dé-yotte-ha"
■ QU	Le regroupement de consonnes *qu* se retrouve dans quantité de mots allemands ou en tout cas utilisés en allemand : *die Qualität* = kvalitaite, *die Quantität, die Quelle* = kvelle (la source) ou der verbes comme *überqueren* = traverser (uberkvéren).
S se dit "esse"	Comme dans le sigle : *die SPD* (Sozialdemokratische Partei Deutschlands) = "esse-pé-dé". MAIS rappel : dans un mot, en initiale en particulier, le "*s*" allemand est très doux et se lit comme notre "*z*" : so = zoo / der Saal = zaal.
■ U se dit "ou"	3615 *Ursula* prononcé "Oursoula" ! *die CSU* (= Christlich-Soziale Union, le parti-sœur de la CDU qui n'est représenté qu'en Bavière) se dit "tsé-esse-ou"
■ V se dit "faou"	*Der VW-Konzern konnte auf weitere Entlassungen verzichten.* (Le consortium VW a pu éviter d'autres licenciements). VW se dit "faou-vé" (rappel : VW = Volkswagen)
■ C'est le W allemand qui correspond à notre V.	*Rettet Willy*! (= Sauvez Willy) : à prononcer "vili". D'où : *BMW* (= Bayerische MotorenWerke) se dit "bé-aime-vé".
■ Y se dit "upsilonne"	Et dans l'immense majorité des occurrences en allemand, il se lit "u" : *Er ist nicht mein Typ* = Ce n'est pas mon genre. Typ se dit "tuup"

■ Z = tsètte	*Die FAZ ist eine große überregionale Tageszeitung.* (La FAZ est un grand quotidien supra-régional). FAZ se lit "effe-a-tsètte" (rappel : FAZ = Frankfurter Allgemeine, Zeitung für Deutschland ; les Allemands ont pris l'habitude de l'appeler Frankfurter Allgemeine Zeitung).

■ En revanche, certains sigles et abréviations doivent être décodés à la lecture :

Quand un texte présente un "*usw*", on ne lira pas "où-est-ce-vé" mais "und so weiter" (= etc.).

Idem pour *bzw.* = beziehungsweise (voire ; respectivement) : très fréquent en prose journalistique.

d.h. = das heißt (c'est-à-dire)

ca. = circa (environ, à peu près). On trouve du reste aussi l'orthographe "*zirka*".

die NATO = nato. C'est le sigle normal, américain de l'OTAN.

C'est au téléphone que l'on a le plus souvent besoin de se remémorer (et rapidement) la façon dont on épelle en allemand des mots ou noms en particulier. La question à laquelle on est confronté est :

Bitte, buchstabieren Sie. ou : *Buchstabieren Sie bitte.*

Übung 5

Transcrivez (puis prononcez !) les sigles et abréviations suivants :

1. eine GmbH
2. der BMW
3. Aids
4. BSE
5. Im ZDF läuft ein Krimi.
6. eine DM
7. der ICE
8. die UNO
9. der DGB
10. der DIHT
11. Ein FKK-Strand
12. AKW
13. BRD
14. EDV
15. DDR

Déchiffrez les chiffres ou sachez lire à l'envers

Une des "bêtes noires" des candidats aux concours et examens oraux, en particulier dans les écoles de commerce et les prépas scientifiques, est la lecture des nombres. Tous ceux qui enseignent et examinent depuis quelques décennies le constatent, comme le prouvent les nombreux et répétitifs rapports que l'on peut librement consulter.

Nous ne saurions donc que trop recommander aux élèves de s'entraîner régulièrement, de façon autonome, voire avec un(e) camarade d'infortune.

Ceci dit, rappelons "comment ça marche."

- Les combinaisons de 2 chiffres se lisent toujours de GAUCHE à DROITE (sans allusion politique évidemment) :

  ainsi 32 (comportant *dreißig* et *zwei*) se lira *zweiunddreißig.*
  Ces combinaisons se retrouvent souvent dans des composés plus grands, que sont notamment les dates qui ont une fâcheuse fréquence à pulluler dans les textes économiques et scientifiques proposés à la sagacité de nos futurs ingénieurs et commerciaux. Si on se met à utiliser des chiffres et des nombres en science et économie, ce n'est plus du jeu, ont l'air de penser certains examinés. Or, les dates (jamais précédées de la préposition *in,* comme nous l'avons rappelé dans le chapitre *Perfide Albion*) se lisent en 2 parties :
  1999 = dix-neuf – CENT – neuf-et-quatre-vingt-dix-neuf, soit, en germain dans le texte :

  neunzehnHUNDERTneunundneunzig.

  Nous évoquerons les chiffres et nombres les plus problématiques. Commençons par dire que si *die Ziffer (-n)* existe, en revanche, il est nécessairement indispensable de connaître *die Zahl,* dont le pluriel est *die Zahlen* sans Umlaut !

- **0** = *null. die Null* (car tous les chiffres et nombres sont féminins).

  Der neue Stürmer ist wirklich eine Null.
  Le nouvel attaquant est vraiment un tocard

  (il s'agit, on l'aura reconnu, de football ; même si la personne ainsi évaluée est un homme un vrai, *Null* conserve son genre féminin !).

Notez : *in Null Komma nichts* (*null Komma nichts*) = en un rien de temps.
0815 (se dit : *Null-acht-fünfzehn*) = le tout venant, quelque chose de désespérément banal.
Die neue Kollektion von Armandini ist echt 0815.

- **1 = *eins*** Aussi superflu que puisse paraître ce rappel, souvent on entend pour 1 = ein (le **-s** final étant souvent sacrifié parce que dans l'énumération 1-2-3, le son **-s** de *eins* est assimilé au son ts initiant *zwei*, au lieu de eins-zwei on entend souvent *ein-zwei*).

  Er hatte in Mathe eine Eins.
  Il a eu 20 en maths.

  En revanche, il est vrai que ce *-s* disparaît en tête de nombre : 41 = *einundvierzig*, tandis qu'il se maintient en fin :
  en 2001 = *zweitausendeins*.
  Notez : das ist *1a-Qualität* (se dit : eins-a-Qualität) = c'est le haut-de-gamme.

- **2 = *zwei*** La variante "*zwo*" (où l'on décrypte sans mal l'anglais "two" !) peut certes passer pour régionale, voire dialectale, mais on l'utilise parfois aussi dans certains lieux publics (gares, aéroports) pour éviter des mésententes fâcheuses : rien ne ressemble plus à *zwei* que *drei* si la sono est défectueuse et que l'on n'entend que la terminaison des horaires annoncés !

- Il faut aussi penser à ***beide*** *:*
  die beiden comme alternative à *die zwei.*

- **6** = *sechs* mais dans les composés (16 = *sechzehn*) et les multiples (60 = *sechzig*), il perd son ***-s***, ce qui en phonétique lui vaut une variation : *sechs* = seks, tandis que *sechzehn* = zèche-tséne).

- **7** = *sieben* mais dans les composés le ***-en*** final tombe, d'où une prononciation du *b* en finale assimilée à un *p* (*siebzig* = sipptsich)
  Notez le dérivé : der neue Sieben*er* von BMW = la nouvelle série 7 de MMW.

- **9** se dit *neun* ("n'œil-n") et non pas, ô perfide Albion, "*nein*" par imitation au neuf british.

- **Les multiples de 10** sont en principe réguliers (*-zig* est le multiplicateur) mais *zwei* donne zw*an*zig

drei donne *dreißig*
sechs donne *sechzig*
sieben donne *siebzig.*

- **Entre 21 et 99 inclus**, *und* relie dizaines et unités : sech*und*sechzig par exemple.

- Dans la série des *demi* quelque chose, $2\frac{1}{2}$ = zwei*einhalb* ⇒ chiffre / nombre + *einhalb*

  Pour $1\frac{1}{2}$; on trouve, à côté de *eineinhalb* attendu dans ce rôle, *anderthalb* :
  In *anderthalb* Stunden ist es Mitternacht.
  Il sera minuit dans une heure et demie.
  NB : en allemand, $1\frac{1}{2}$ = plus qu'un, d'où le pluriel sur *Stunde* dans cet exemple. Attention à cette faute fréquente en traduction.
  Les pourcentages eux aussi ont la détestable habitude de hanter les documents économiques : *das Prozent.*

- **10,5 %** se dira : zehn - KOMMA - fünf Prozent.
  Le multiple supérieur s'emploie le plus couramment pour désigner le taux d'alcoolémie :
  Er hatte 3,4 *pro mille* (minuscules dans ce cas).
  Mais *das Promille* désigne aussi le millième quand il s'agit de commissions par ex. en commerce (se dit *die Provision,* attention encore un faux ami).

- Nous poursuivrons sur une note positive et soulageante : les apprentis germanistes actuels ont une chance unique puisque dans quelques mois, les années 2000 et 2000 un chouïa se profilent.[1]
  Im Jahr 2000

  > *2005 tritt die neue Rechtschreibreform in Kraft.*
  > *Im Jahre 2005 tritt die neue Rechtschreibreform in Kraft*
  > La nouvelle réforme de l'orthographe entrera en vigueur en (l'an) 2005.

- Autres quantificateurs utiles :

---

[1]* Comme nous autres Français, les Allemands ne diront pas, sauf évolution surprenante, vingt-cent-cinq pour : 2005.

Les multiples et les multiplicateurs
* *fach: das Hundertfache* = le centuple

** mal: Es ist fünfmal teurer als erwartet*
C'est 5 fois plus cher que prévu

Es ist fünfmal so teuer
C'est 5 fois plus cher.

- ^{2} : la puissance, le carré (et ses copains, le cube et autres grandes puissances) se dit "*hoch*".
  9^2 se lira donc : neun *hoch* zwei (voire *neun im Quadrat*).

Les distributeurs

- *je* : par : Das ergibt *je* Woche 35 Arbeitsstunden
  Ceci fait par semaine 35 heures de travail effectif.
  Les approximatifs
- *etwa, circa* (et sa variante germanisée *zirka*) = environ, à peu près, quelque.
  Ce *circa* latin est très employé mais le plus souvent sous sa forme abrégée ***ca.*** :

Pour autant, il faut, à l'oral, le lire in extenso pour rester dans la langue de César.
ca. 75 % = zirka fünfundsiebzig Prozent.

Es waren ca. 80 blinde Passagiere im Frachter.
Il y avait quelque / environ 80 passagers clandestins dans le cargo.

- on trouve aussi *an die / um die* = dans les

Das Wildschwein wog an die 220 Kg.
Le sanglier pesait dans les 220 kilos.

TROUSSE DE SECOURS

Les nombres de 2 chiffres se lisent de gauche à droite.

➪ $\frac{1}{2}$ = einhalb / anderthalb

➪ , = Komma

➪ % = Prozent (rappel orthographique : *pour cent* en deux mots en français !).

➪ -fach, -mal

➪ 2^2 = zwei hoch zwei

Übung 6

Entraînez-vous à lire à voix haute et le plus rapidement possible (faites des concours de volubilité !) :

1968	Ich wiege 82 Kg.
am 10.12.1999	45 %
ab 1.7.	2005 für nur 9,97 DM

L'ALLEMAND NE MANQUE PAS D'-*ER* ET POURQUOI TANT D'*EN* ?

Une des fautes de production phonétique les plus "indécrottables" est sans doute la suraccentuation du -er, surtout en finale.

En effet, le francophone ne connaît guère le ***-r** vocalisé*, ce qui l'amène, sous l'action vigoureuse de nous autres enseignants, soit à le transformer en un -a franc et massif. Nous entendons donc trop souvent :

LES FAUTES

- *aber* est ainsi charcuté en *"abats"* ou en *"beurre"* : le *-er* est produit comme un A ou un EURRE.
- soit à en faire un -erre :
  *das **Zimmer*** devient ainsi tsimerre
- soit, cas le plus fréquent, à en faire un "eur" :
  le ***oder*** (= ou bien) allemand renifle une forte odeur de français (puisqu'il est prononcé tel quel), *der Maler* (= le peintre) prend une couleur funeste puisqu'il devient malheur dans une bouche gauloise. Quant à la cave (= *der Keller*), elle amène à s'interroger sur la fuite du temps : ce terme se mue inévitablement en : "quelle heure" ? !
- Mais ***Lehrer*** est humain(e).

LA CORRECTION

- Le défaut vient, une fois de plus, de ce que l'on transpose l'accent français sur le terme allemand : rien n'est perdu, la thérapie est même simple : les *-er* ne sont JAMAIS accentués, ni en finale ni en initiale : souvenez-vous que er**in**nern est accentué sur le **gras** (d'où sa présence dans la liste des particules inséparables *be-, emp-, ent-, er-, ge-, miss-, ver-, zer-)*.

  erkennen: ich habe ihn erkannt.
  Je l'ai reconnu.

  En effet, c'est le *KE* de er*ke*nnen qui est accentué, pas le *er* (ni a fortiori le *nen* final).
  Cette absence d'accent sur *er* peut surprendre même un bon germaniste ; ainsi reconnaître, *wiedererkennen* a-t-il un comportement a priori surprenant :

  So erkennt man dich ja kaum wieder!
  On a du mal à te reconnaître (sous ce déguisement ; sous cet aspect).

- En toute logique, ***wieder***, particule initiale portant l'accent (ce n'est que dans *wiederholen* = répéter qu'il n'est pas accentué, cf. *wieder et zurück*), il est séparé et en finale. Mais les choses changent au parfait, car alors *wieder* se retrouve nez à nez avec *er* et il y a une lutte de prérogatives, que l'*er* emporte*, rendant inséparable tout le groupe *wiederer-* devant la forme conjuguée de *kennen* :

  Nach ihrer Operation habe ich sie kaum wiedererkannt.
  Après son opération j'ai eu du mal à la reconnaître.

* Notez : les particules sont plus légères que l'*er!*

- Les bisyllabiques comme ***oder, Maler, Keller, Oper*** sont systématiquement accentués sur la première syllabe. Pour vous entraîner et visualiser l'accentuation, nous vous suggérons de vous le transcrire comme dans la trousse de secours.

- Pourquoi tant d'*en* ?
  La même absence d'accentuation entraîne le même effet pour le *en*, surtout en finale où il est déformé systématiquement en "eunne", voire "eûne" (comme dans "jeûne"). D'où nos conseils :

Verbe	Faute fréquente	Prononciation correcte
fragen = demander, questionner	*fragueunne*	*FRAg'n*
haben = avoir	*abeunne, voire abenne*	*HAb'n*
Menschen = humains, hommes	*Mainecheûne*	*MENsch'n*

TROUSSE DE SECOURS

➪ -***er*** en initiale et finale jamais accentués ⇒ accent juste *avant ou après*
➪ er**inn**ern
➪ **O**der, **Ma**ler, **Ke**ller, **O**per...
➪ -**en** en initiale et en finale jamais accentués
➪ élidez phonétiquement le *e* entre la consonne et le *n* final
➪ sagen = sa**g'n**

Ne coupez pas les mots à l'aide de H

Par ce jeu de mots laid, nous tenons à attirer l'attention sur un dérapage phonétique fréquent à double sens : soit nos étudiants oublient systématiquement le *h*. C'est le cas de figure normal, le *h* aspiré n'étant pas très familier aux francophones. Soit en revanche, traumatisés par des constants rappels, ils en rajoutent, hachurant des mots qui n'en demandaient pas tant.

Il s'agit bien sûr du H initial d'un mot : Attention, ce n'est pas forcément la première lettre de ce mot ! Si la situation est claire pour *die Hilfe*, il y a souvent un flottement dès que ce même terme intervient dans un mot composé, comme *die Nothilfe* (aide d'urgence) ou de *Verkaufshit* (bestseller, succès de vente). Même dans ce dernier cas, le H doit s'entendre (il n'y a pas de liaison du genre "notil-fe").

Le H donc se prononce et sa disparition à l'oral (nous pensons aux oraux de concours mais aussi aux nombreuses "colles" que passent les élèves dits de CPGE) peut entraîner des confusions. C'est ce que l'on appelle parfois des paires minimales :

Handschlag = coup de main, tape	*Anschlag = attentat*
Hals = le cou	*als = lorsque, en qualité de, que*
Halt = arrêt, stop	*alt = vieux, âgé*
Haus = maison	*aus = dehors*
heben = soulever	*eben = justement, à l'instant*
Hecke = haie	*Ecke = coin, angle*
heiß = chaud	*Eis = glace*
Herde = troupeau	*Erde = terre*
Herz = cœur	*Erz = minerai*
Hund = chien	*und = et*

En réalité, il y a rarement confusion réelle, mais il faut simplement respecter cette discrimination phonétique commode, que l'allemand partage du reste avec l'anglais (cf. hand ≠ and !).

L'absence de H donne plus souvent lieu à des créations cocasses qu'à de vraies fautes ; s'il est vrai que faire rire un examinateur peut s'avérer payant, en faire une stratégie semble hasardeux.

Parler de singes volants (si on a prononcé *Flugaffe*) alors qu'on veut dire aéroport – *der Flughafen* avec un H bien audible – peut desservir si on a un pilote amateur en face de soi.

Les fautes plus graves et plus difficiles à accepter dans ce registre sont celles commises sur des mots parfaitement identifiés et sus, comme le verbe avoir : *wir aben ier einen Text* est très mal perçu, pour *Wir haben hier einen Text.*

En effet, ce genre d'erreur procède d'un réflexe de pure paresse phonétique, sans qu'il y ait difficulté réelle de production du son (nous sommes toujours indulgents en revanche quand un candidat a du mal à prononcer correctement le prétérit, 2e pers. du pluriel du verbe soupirer, voire sangloter* pour donner des exemples de "*Zungenbrecher*").

*respectivement *ihr seufztet* et *ihr schluchztet*.

MON ÄU OU LES TRIBULATIONS D'UN UMLAUT BALADEUR

La diphtongue comportant un Umlaut (ou en recevant un) pose souvent des problèmes de :

Phonétique

Nature	Diphtongue	Prononciation	Exemple
Diphtongue liée	*äu*	*en gros comme "œil"*	*die Häuser*
juxtaposition de 2 voyelles	*äi*	*è-i*	*europäisch*
juxtaposition de 2 voyelles	*äo*	*è-au*	*Äolsharfe*
juxtaposition de 2 voyelles	*öe / öi*	*eux-euh / eux-i*	*Böe / böig*
juxtaposition de 3 voyelles	*äeu*	*è-œilx*	*Mäeutik*
MAIS : participes *dérivés*	*eö* *iö*	*euh-eux* *i-eux*	*geölt* *seriös*

NB : les termes cités dans le tableau comportant des combinaisons rares le sont eux-mêmes, si vous ne connaissez donc pas *die Äolsharfe* = la harpe éolienne, die *Bö* ou *Böe*, un vent fort ou *böig*, qui souffle en rafale, ne vous frappez pas !

NBB : nous avons volontairement évité d'évoquer les rencontres de voyelles dues, entre autres, à des infinitifs avec zu : *Frauen sind durchaus fähig, Männerberufe auszuüben* (les femmes sont tout à fait capables d'exercer des métiers d'hommes), où le *"u"* du *"zu"* rencontre le "*ü*" de "*üben*" ou à des augments *-ge* de participe 2 rencontrant une voyelle comme dans "*Für ein ungeübtes Auge war da nichts zu erkennen*" (un œil non exercé ne pouvait rien y distinguer). Ce genre de constellations n'est vraiment guère représentatif et du reste pas aussi difficile à gérer. Die Klim*aä*nderung résulte lui aussi manifestement de la rencontre de deux voyelles dans un mot composé : la seule lecture détache nettement les 2 voyelles (*Klima-änderung*).

Graphie

Souvent, le francophone ne sait pas où placer le " : sur la première ou sur la 2e voyelle ? Il n'est que de lire la presse française – *Le Monde* inclus – désemparée dès qu'elle doit citer un terme allemand entrant dans cette rubrique : que de fois le bras droit de l'ancien chancelier Kohl, Wolfgang Schäuble, a-t-il vu son nom déformé ! Or, la recette est somme tout assez simple : la première voyelle porte le Umlaut.

- l'Umlaut sert de marquage de pluriel : die Braut ⇒ die Bräute
- l'Umlaut est le signe d'une dérivation : das Haus ⇒ aus dem Häuschen (attention : la constellation de consonnes "sch" ainsi obtenue n'est pas identique au "sch", il faut donc prononcer "heuille-S-cheunne" !).
  glauben ⇒ abergläubisch (= superstitieux)
- l'Umlaut résulte d'une conjugaison : laufen ⇒ er läuft

TROUSSE DE SECOURS

fi diphtongue *au / ai / oe / oi* : " sur première voyelle
➪ fi exceptions : *eö / iö / eü / uü* (ces exceptions sont si rares qu'elles ne posent guère problème).
➪ NB : sur un ordinateur, vous pouvez surfer sur les voyelles infléchies grâce au code à skis (Ascii) :
en tapant Alt + 132, on obtient ä.
Ö = 153 ü = 129 ö = 148
Ä = 142 Ü = 154

Übung 7

Placez le ¨ où il faut (s'il le faut !).

außerlich
haufig
das Gebaude
liebaugeln
die Verkauferin
traumen
der Saugling
religios
Wale sind die großten Saugetiere des Planeten

Übung 8

Mettez au pluriel.

die Maus
die Laus
der Autounfall
der Bauch
der Schlauch

Übung 9

Dérivez (diminutif).

Der Coca-Cola-Lieferant gönnt sich eine Pause
Er war nur noch ein kleiner Haufen Elend (avec *-lein).*
Heute sollte man die Bezeichnung "Frau" in Büros tunlichst meiden (avec *-lein*).

Übung 10

Dérivez (adjectif à partir d'un verbe).

glauben (avec *-ig*)
blau (avec *-lich*)

Übung 11

Rajoutez les décorations :

Die Tür musste wieder einmal *geolt* werden.
Warum hast du das Fenster *geoffnet*?

Apprenez le morse

Le problème que rencontrent manifestement de nombreux apprenants francophones, même au bout de 7 ans de pratique, est la réalisation d'une part, la discrimination phonétique de l'autre des voyelles allemandes. Dans l'ordre de fréquence des difficultés :

1. Voyelles brèves (prononcées longues par un francophone 10 fois sur 9) et qui génèrent des malentendus.

■ *der* ***Müll*** (toujours singulier ; en effet, nos apprenants persistent à le mettre au pluriel en lui affectant un *-e* fatal) = les déchets

In La Hague soll radioaktiver Müll entsorgt / wiederaufgearbeitet werden.
A La Hague, on projette de recycler / retraiter des déchets radioactifs.

Prononcez *Müll* comme le français *mule* (et NON pas avec un *u* long, ce qui donne quelque chose comme *die Mühle* = le moulin).

■ ***Bitte*** est sans doute l'impératif (pour ne pas dire le mot) le plus connu de la langue allemande : le i est bref (rien à voir avec "*biete*" qui vient de *bieten* = offrir, cf. le chapitre faux frères).

■ ***so*** : outre le fait que le s initial se prononce z, le o est long : on obtient donc zoo (et NON sceau).
De plus, nous déconseillons de manière générale d'utiliser ce passe-partout en début de phrase ; réservez-le à la traduction de "comme ça" en fin de phrase : *Das ist so*!

2. Les diphtongues forment un SEUL son, pas la juxtaposition de 2 voyelles :

■ *die* ***Maus*** (la souris) ne se prononce PAS mat-housse !

■ *die* ***Leute*** (les gens) = l'œil-te et NON pas l'œufs-te

■ *das* ***Eiweiß*** (albumine) ne se dit PAS a-y-va-y-ceux (plutôt aïe-vaïsse)
Nous ne parlons bien évidemment pas ici des fausses diphtongues (cf. chapitre mon äu) c'est-à-dire des rencontres imprévues de voyelles dans des composés comme *die* ***Klimaänderung*** (= clima-pause-ennede...) où on marque précisément une micro-pause dans la réalisation phonétique pour notifier le point de contact entre les 2 termes d'origine.

TROUSSE DE SECOURS

⇒ der Müll = mule
⇒ rot = raûte
⇒ h après une voyelle : celle-ci est longue

3. Les longues posent problème quand elles sont suivies par exemple d'une consonne qui impliquerait une prononciation brève – en français :

- ***rot*** (rouge) = au long (et NON comme dans il rote)
- La vache est un animal au cou long :
  *die **Kuh*** (la vache) = ou long (et NON comme dans le coup)
- *das **Bad*** (le bain / la salle de bains) = a long (et non comme dans la batte)
- ***aber*** (mais) = a long (et NON a-beurre, cf. le chapitre "L'allemand ne manque pas d'-er")

Übung 12

Longue ou brève ?		*longue*	*brève*
1. Die R**ä**ttin ist t**o**t	ä	☐	☐
	o	☐	☐
2. Ein g**u**ter R**a**t	u	☐	☐
	a	☐	☐
3. Der H**i**mmel **ü**ber Berl**i**n	i	☐	☐
	ü	☐	☐
	i	☐	☐

III. Notions

Ich liebe les filles de La Rochelle et le chocolat

L'immense majorité des candidat(e)s ne semble se souvenir au moment décisif que de ***lieben***, ce qui part d'un bon sentiment. Toutefois, ce verbe s'emploie dans des contextes précis, l'allemand disposant d'une foule de tournures pour marquer ses inclinations et préférences.

- Une première confusion à éviter mais qui revient très souvent ces dernières années est la confusion ***lieben-leben*** : si on ne peut vivre sans amour, la confusion des deux peut entraîner des quiproquos gênants :

  Kann man ohne Viagra leben?
  Verliebte leben von Luft und Liebe.
  Les amoureux vivent d'amour et d'eau fraîche.

  (on notera que les Allemands sont plus sobres et aériens, *die Luft* = l'air).

- **aimer** (faire qqch) : n'importe quel verbe de votre choix conjugué associé à l'adverbe *gern*. Il est important de ne pas calquer sur le français où apparaissent 2 verbes, là où l'allemand se contente d'un seul, *gern* portant l'idée de aimer.

  Ich gehe gern ins Kino.
  J'aime aller au cinéma.

On notera la litote (*Untertreibung*) faisant de l'expression *Ich habe dich gern* une déclaration plus chaleureuse que *Ich liebe dich.*

Un concurrent plus "mignon" de *lieben* est le verbe *liebhaben,* plus fleur bleue.

- **goût / envie** : ***mögen*** conjugué à l'indicatif (en effet, les formes d'irréel sur *möchte* servent dans un autre registre, celui de la prière polie).

  Ich mag Kaffee, er mag lieber Tee (égalité, fraternité)
  J'aime (bien) le café.

  Là encore, il y a des différences d'emploi régionales : un Allemand du sud affirmant "*Ich mag dich*" (*I mog di* en bavarois dans le texte) est bien plus net et sentimental que s'il employait *lieben.*

- aimer d'amour : *lieben.* Le substantif *die Liebe* est féminin (même au singulier).

  Marius liebt Jeannette.

TROUSSE DE SECOURS

aimer (faire) ⇒ verbe de votre choix conjugué + *gern*
pensez pour la négative à *ungern*
aimer bien, apprécier ⇒ *mögen* (indicatif)
aimer d'amour ⇒ *lieben*

- Exprimer la préférence soulève les mêmes difficultés, alors que la solution est toute simple : n'importe quel verbe associé à la forme comparative *lieber* fait très bien l'affaire :

  Ich würde lieber nach Kalifornien fliegen.
  Je préfèrerais partir en Californie.

  La préférence absolue s'exprime bien entendu à l'aide du superlatif *am liebsten* :

  Gute Skifahrer fahren am liebsten in den Alpen Ski.
  Les bons skieurs préfèrent de loin skier dans les Alpes.

  Tout le problème vient du réflexe de nos élèves consistant à faire entrer l'allemand dans le code linguistique français, c'est-à-dire à traduire UN verbe français par UN verbe allemand, à grands renforts de dictionnaires. Et c'est ainsi qu'ils se retrouvent aux prises avec *bevorzugen / vorziehen* et consorts. Loin de nous l'idée de récuser ces verbes, nous entendons au contraire préciser leurs emplois dans un souci pragmatique.

Voici quelques constructions-types :

vorziehen (o, o) :

accusatif simple

Ich ziehe seine Jugendromane vor.

Ce que je préfère, ce sont ses romans de jeunesse.

Pour dire préférer qqch / qn à qqch / qn = *jemand / etwas jemandem / etwas vorziehen* :

Die meisten Mädchen ziehen echte Rockmusik dem Rap oder der Technomusik vor.

La plupart des filles préfèrent le vrai rock au rap ou à la techno.

Mais la construction la plus fréquente est : es *vorziehen* + zu infinitif (préférer + infinitif).

Bei schönem Wetter ziehe ich es vor, mit dem Rad auf die Ile de Ré zu fahren.

Par beau temps, je préfère aller sur l'île de Ré à vélo.

On notera ce *es* nécessaire car il a pour fonction d'annoncer l'infinitive. A l'inverse, en version ce type de mots d'annonce ne doit pas être traduit ! On remarquera encore que l'infinitif allemand est précédé de *zu*.

bevorzugen marque une prédilection, qqch que l'on privilégie.

Dieser Börsenspezialist bevorzugt Telekom-Aktien.

Cet expert de la bourse privilégie / préfère les actions Telekom.

Ceci est valable aussi pour le participe *bevorzugt* :

Bei diesem Friseur werde ich bevorzugt behandelt.

Chez ce coiffeur, on me traite comme un(e) client(e) privilégié(e).

Übung 13

Quel "aimer" ou "préférer" préférez-vous ?

1. Leonardo sagte zu Kate, er.............. sie.
2. Wenn das Wetter schön ist,.............. Yves... auf den Champs-Elysées... (spazierengehen).
3. Nach dem ersten Tango wusste sie: sie.............. sein Parfum nicht.

4. Wenn ein Bayer sagt, "I mog di", meint er in Wirklichkeit: "Ich.............. dich."
5. .... Sie Brahms?
6. Nein, ich.............. dies...... Komponisten Beethoven......
7. Meine Großmutter liest.............. Krimis.
8. Die wenigsten Menschen.............. nachts (fahren).
9. Wenn ich Rückenschmerzen habe,.............. ich......... schwere Taschen (tragen associé à l'idée de "ne pas aimer").

Übung 14

Traduisez.

1. Je n'aime pas qu'on me marche sur les pieds !
2. Tous les critiques de cinéma n'ont pas aimé Asterix.
3. Qu'est-ce que tu préfères goûter ?
4. Les sénateurs ont préféré ne pas prendre de décision précipitée.
5. Ce pilote préfère les voitures étrangères.

APPRENDRE

Entre l'apprenant qui apprend une leçon, l'enseignant qui la lui enseigne, le téléspectateur qui apprend une nouvelle, le chef du personnel qui apprend à un employé quel sera son avenir professionnel, il y a autant de nuances de ce qui, en français, est souvent par commodité rendu par le verbe "*apprendre*".

En allemand, il faut, dans chacune des ces hypothèses, choisir un verbe spécifique – pas forcément compliqué !

1. APPRENDRE au sens scolaire du terme (apprentissage encyclopédique, acquisition d'une connaissance).
   lernen

   Für seine Arbeit muß der Ingenieur schwedisch lernen.
   Pour son travail, cet ingénieur doit apprendre le suédois.

2. APPRENDRE au sens scolaire d'ENSEIGNER
   lehren (d'où : *der Lehrer / die Lehrerin*)

Dieser namhafte Historiker lehrt an der Universität Paderborn.
Ce professeur renommé / réputé enseigne à l'université de Paderborn

APPRENDRE au sens d'INCULQUER
*bei*bringen

Sie hat ihren Schülern gute Manieren beigebracht.
Elle a inculqué les bonnes manières à ses élèves.

3. APPRENDRE dans le sens de "se voir communiquer une nouvelle, une information").
erfahren, erfährt, erfuhr, hat erfahren

In diesem Text erfahren wir, dass...
Dans ce texte, nous apprenons que...

Wie ich soeben erfahren habe, hat MacLaren-Mercedes wieder einmal gewonnen.
Je viens d'apprendre que MacLaren-Mercedes a encore gagné.

Ø ATTENTION ce verbe n'est PAS transitif ! On ne peut donc pas écrire :

Dieser Text erfährt uns, dass... MAIS :
In diesem Text erfahren wir, dass...
Aus diesem Text erfährt man...

4. APPRENDRE au sens de "COMMUNIQUER une nouvelle"
*mit*teilen (d'où : *die Mitteilung* = contenu d'une communication, d'un message).
von etwas unterrichten (où on retrouve symptomatiquement unterrichten = enseigner !).

Der Personalchef teilte seinen Angestellten mit, daß es zu neuen Entlassungen kommen mußte.
Le chef du personnel apprit à ses employés qu'on devrait procéder à de nouveaux licenciements.

In diesem Text teilt uns der Autor mit, dass...
Dans ce texte, l'auteur nous apprend que...

TROUSSE DE SECOURS

apprendre une nouvelle = erfahren
apprendre, informer = *mit*teilen
apprendre (école) = lernen
apprendre (enseigner) = lehren

Übung 15

Quelle traduction convient le mieux pour exprimer "apprendre" ?

1. Man merkt sofort, dass der junge Franzose bei Bollettieri spielen.............. hat.
2. Der arme Lehrer hat vergeblich versucht, uns die Deklinationen....................
3. Der Pilot musste den Passagieren..............., dass das Fahrgestell defekt war. (var. : die Passagiere..............)
4. Nach der Geburt ihrer Enkelin hat sie sofort allen Nachbarn die gute Nachricht...............
5. Wie hast du den Tod Dianas.............. ? (var. : vom Tod Dianas...).

Übung 16

Traduisez

1. Mon fils a appris à nager en cinq jours.
2. Ce professeur m'apprend l'informatique.
3. Je lui ai appris à conduire (= inculqué les règles).
4. C'est par un télégramme qu'il a appris la bonne nouvelle.
5. Beaucoup de téléspectateurs ont appris par hasard que le Français Dimitri Kirilenko avait gagné.
6. Cet article de journal a appris la vérité aux lecteurs.

ARRÊTER

Halten fait office de passe-partout pour dire *arrêter*. Comme toutes les solutions en apparence faciles, cette traduction confortable est fausse 4 fois sur 5. Arrêtons-nous donc sur les différentes acceptions.

Dans la famille des INTRANSITIFS, on trouve :

- arrêter, s'arrêter de + verbe, au sens de cesser une activité = *auf*hören + zu infinitif

  *auf*hören + *mit dem* Substantif

  Hör doch endlich auf zu schimpfen / Hör doch endlich zu schimpfen auf!
  Mais enfin, arrête donc de râler !

Sie sollte mit dem Rauchen aufhören (var. : aufhören zu rauchen / zu rauchen aufhören).
Elle devrait cesser / s'arrêter / arrêter de fumer.

- arrêter, s'arrêter (véhicule en particulier) = *halten (hält, hielt, hat gehalten*).

  Dans ce contexte, on trouve par ex. *die Haltestelle* (arrêt de bus, tram...).

  Der Vierer-Bob hielt knapp vor der Schneewand!
  Le bob à quatre s'est arrêté pile devant le mur de neige !

  Nous donnons à méditer cette définition sobre de la théorie de la relativité par Einstein soi-même :

  Wann hält der Bahnhof am nächsten Zug?

- marquer un arrêt = *stehen*bleiben (*blieb stehen, ist stehengeblieben*).

  Da die Batterie leer war, blieb das rosa Kaninchen stehen.
  Comme la pile était vide, le lapin rose s'arrêta.

- s'arrêter, finir, prendre fin (spectacle par ex.) = *enden*

  Der Film endete mit einer kitschigen Szene.
  Le film s'est terminé sur une scène cul-cul (à l'eau-de-rose !).

Dans la famille TRANSITIFS, on s'arrêtera sur :

- arrêter, mettre un terme = *beenden*

  Der Vorsitzende beendete die Diskussion vorzeitig.
  Le président mit très vite un terme à la discussion (en fait : interrompit avant terme).

- stopper (une course, une progression) = *stoppen*

  Es gelang dem Verteidiger des 1.FC Kaiserlslautern, die bayrische Sturmspitze zu stoppen.
  Le défenseur du 1. FC Kaiserslautern parvint à stopper / arrêter l'attaquant de pointe du Bayern.

  Cf. *Der Vorstopper* = l'arrière central
  ATTENTION : ces dernières années, on voit proliférer la forme *stoppieren* : ce verbe n'existe pas !

- (s') arrêter, (se) garer = *an*halten (*hält an, hielt an, hat angehalten*).

  Viele Fernfahrer halten vor diesem Lokal an.
  De nombreux routiers s'arrêtent devant ce restaurant.

TROUSSE DE SECOURS

Intransitifs : cesser = ***aufhören***
(s') arrêter = *halten* / ***stehen****bleiben*
finir = *enden*
Transitifs : terminer, clore = *beenden*
stopper = *stoppen*
arrêter = ***an****halten*
appréhender = *verhaften*

- arrêter au sens de appréhender, procéder à une arrestation = *verhaften* / *fest*nehmen (i, a, o).

  Gestern wurde der mutmaßliche Mörder verhaftet (festgenommen).
  Le meurtrier présumé a été arrêté hier.

- arrêter, cesser le travail = die Arbeit *nieder*legen

  Aus Protest gegen die geplante Schließung des Werkes in Belgien legte das Personal die Arbeit nieder.
  En signe de protestation contre la fermeture de l'usine en Belgique, le personnel cessa le travail.

Übung 17

A quel arrêter *vous arrêtez-vous ?*

1. Da sie auf Skiern noch Anfängerin war, konnte sie nur kurz vor der Terrasse.............. (s'arrêter).
2. Wenn ich eine Schachtel Pralinen (= boîte de chocolats) öffne, kann ich nicht mehr.............., bevor sie leer ist! (m'arrêter).
3. Kommissar Maigret.............. den Betrüger in dessen Villa (arrêta).
4. Der Regisseur hatte anscheinend Mühe, seinen Liebesfilm zu.............. (terminer, mener à son terme).
5. Die Straßenbahn.............. direkt vor dem Bahnhof (s'arrête).
6. Sie war so nervös, dass sie nicht.............., an ihren Fingernägeln zu kauen (= se ronger les ongles) (arrêtait).
7. Der australische Schlussmann.............. den südafrikanischen Stürmer in letzter Sekunde (arrêta).

IDÉE D'AUGMENTER / BAISSER

Il faut bien distinguer *augmenter* au sens de *faire augmenter* (le gouvernement augmente les taxes) et augmenter au sens de *subir* une augmentation (les prix n'ont pas beaucoup augmenté en août). Idem pour baisser / *faire* baisser.

A. VERBES INTRANSITIFS (expriment que la hausse / baisse est subie).

1. Subir une hausse ⇒ *steigen, stieg, ist gestiegen* (*der Anstieg).*

Die Lebenserwartung steigt stetig (var. : ständig).

L'espérance de vie augmente constamment.

Autres verbes possibles (mais il est préférable de n'en retenir qu'UN et de le maîtriser !) :
*zu*nehmen, nimmt *zu*, hat *zu*genommen (*die Zunahme*).
wachsen, wächst, ist gewachsen (das Wachstum = la croissance*).*

2. Subir une diminution ⇒ *fallen, fiel, ist gefallen* / *zurück*gehen, ging *zurück*, ist *zurück*gegangen
(der Rückgang).

In den Vereinigten Staaten geht die Arbeitslosigkeit stetig zurück.

Le chômage diminue régulièrement aux États-Unis.

Autres verbes possibles :
sinken, sank, ist gesunken (die Senkung / das Senken = peu usuels).
*ab*nehmen, nimmt *ab*, hat *ab*genommen (die Abnahme).
rückläufig sein (être en récession, en recul).

B. VERBES TRANSITIFS (exprimant que la hausse / baisse est pratiquée activement).

1. FAIRE augmenter ⇒ *erhöhen, erhöhte, hat erhöht*

Die Regierung erhöht die indirekten Steuern / Abgaben / Gebühren.

Le gouvernement augmente les impôts / taxes indirect(e)s

Autres verbes possibles :
steigern (die Steigerung ; par ex. : *die Preissteigerungsrate* = le taux d'augmentation des prix).
*an*heben, hebt *an*, hob *an*, hat *an*gehoben,
*herauf*setzen, setzt *herauf*, setzte *herauf*, hat *herauf*gesetzt
vergrößern, vergrößerte, hat vergrößert

TROUSSE DE SECOURS

• fallen (fiel, ist gefallen) **• senken**
• steigen (stieg, ist gestiegen) **• erhöhen**

NB : on remarquera que pour les verbes ayant deux formes semblables (*steigen / steigern* est un classique du genre), la "recette" analogue à celle des doublons est valable : à sens renforcé, plus actif correspond une conjugaison faible, et vice et versa :
steigern : sens fort car il signifie FAIRE CROITRE / FAIRE MONTER conjugaison faible : er *steigert, steigerte, hat gesteigert.*
steigen* : sens faible car il signifie SUBIR UNE HAUSSE conjugaison forte : *er steigt, stieg, ist gestiegen.

2. FAIRE baisser ⇒ *senken, senkte, hat gesenkt.*

Der Bundesfinanzminister senkte die Einkommenssteuer.
Le ministre fédéral des finances baissa / réduisit l'impôt sur le revenu.

Autres verbes :
reduzieren, reduzierte, hat reduziert
die Reduzierung
herabsetzen, die Herabsetzung
verringern, verringerte, hat verringert
vermindern

Übung 18
Insérez le verbe qui convient à la forme indiquée.

1. Die Chancen (diminuent) ...., dass die Steuern (baissés) .... werden.
2. Seit die Alkoholkontrollen verschärft wurden, ... die Zahl der Unfälle deutlich .... (a baissé).
3. Der Umsatz dieser Möbelfirma .... stetig (augmente).
4. Die Frau des neuen Wirtschafts-und Finanzministers hat versprochen, ihr Mann werde die Einkommensteuer .... (baisser).
5. Das Interesse der Zuschauer für Talk-Shows .... in den letzten Monaten stark .... (a diminué).

Übung 19
Choisissez.

1. Seit ein paar Wochen............... die Erdölpreise. *sinken / senken*
2. Es ist aber typisch, dass die Benzinpreise für den Normalverbraucher nur............... *steigen / steigern*

Soyez conscients

L'allemand et le français ont une perception différente des notions de conscience et de son contraire, ce qui se répercute dans la terminologie utilisée. Il en va de même pour des expressions dont nos étudiants sont friands, comme "être conscient d'un problème".

- *das* ***Bewusstsein*** *(Bewußtsein)* désigne la conscience au sens médical de connaissance, lucidité, perception lucide de quelque chose.

  Trotz der Verletzung blieb sie bei Bewusstsein.
  En dépit de sa blessure, elle resta consciente (elle n'a pas perdu connaissance).

  C'est quand ils doivent exprimer le contraire que nos apprenants se trompent, car le français révèle en l'occurrence un glissement de sens ; en effet, dire de quelqu'un qu'il est un inconscient ne signifie pas qu'il n'a pas conscience des tenants et aboutissants d'une affaire, mais qu'il n'en a cure, qu'il s'en moque ; un trompe-la-mort en quelque sorte.

- Or, *die* ***Bewusstlosigkeit*** *(Bewußtlosigkeit)* qui serait logique dans cette optique et qui existe effectivement, désigne la perte de conscience dans le sens de perte de connaissance.

- *Sie war* ***bewusstlos*** signifie que la personne en question a séjourné dans une sorte de compote floue puisqu'aussi bien nous autres Français associons cette perte de conscience au fruit pourtant sympathique qu'est la pomme.

- L'adjectif ***bewusst*** *(bewußt)* entre souvent dans la composition de termes plus complexes qu'affectionnent les journalistes sachant jargonner : ainsi tout Allemand qui se respecte est *umweltbewusst,* c'est-à-dire "écolo" (littéralement : conscient de l'environnement).
  Sa construction n'est pas sans poser quelques délicats problèmes : *bewusst + génitif* :

  Wir müssen uns dessen bewusst sein, dass unsere Ressourcen nicht unbegrenzt sind.
  Nous devons être conscients que nos ressources ne sont pas illimitées.

  Si vous avez un doute ou des légitimes hésitations à manipuler ce génitif, pensez à une autre expression largement équivalente : *sich vor Augen halten* (= avoir présent à l'esprit, être lucide) :

  Wir müssen uns ständig vor Augen halten, dass...
  Nous devons sans cesse avoir présent à l'esprit / être conscients que...

- *das* ***Gewissen*** est la conscience morale :

  On peut y faire appel, ce qu'on exprime par *an das Gewissen appellieren*, en frallemand dans le texte.

  Ein gutes Gewissen ist ein sanftes Ruhekissen, dit le proverbe.

  Une bonne conscience est un oreiller moelleux.

  Son contraire est plus usité encore :

  Bei der ganzen Sache hatte er ein schlechtes Gewissen.

  Dans toute cette affaire, il était rongé / miné par la mauvaise conscience.

  Quand quelqu'un porte une faute morale, grave en général, *er hat etwas auf dem Gewissen*. Ce *etwas* tout à fait indéterminé et abstrait dans les ouvrages d'apprentissage du lexique peut être une personne :

  Der betrunkene Autofahrer hat zwei Jugendliche auf dem Gewissen.

  Le chauffard a deux adolescents sur la conscience.

- Sur *Gewissen*, on trouve ***gewissenlos***, qui désigne une personne ou un acte qui dénotent un manque de scrupule certain : *ein gewissenloser Mensch*.

  Il peut même arriver que cette conscience fasse si mal que l'imprétrant ressente une morsure : le remords se dit donc fort justement *die Gewissensbisse* (*der Biss, die Bisse* venant d'évidence du prétérit de *beißen*).

  Starke Gewissensbisse plagen ihn.

  Des remords violents le rongent.

- Die ***Sorglosigkeit*** est injustement méconnu ; or c'est bien lui qui désigne l'insouciance, une certaine nonchalance.

  Cette absence de souci n'est pas identique à l'insouciance téméraire des casse-cou qu'on qualifierait de ***leichtfertig***, voire de ***leichtsinnig***.

TROUSSE DE SECOURS

être conscient de quelque chose ⇒ *sich **bewusst** sein + génitif*
⇒ *sich vor Augen halten*
prendre conscience de quelque chose ⇒ *sich einer Sache **bewusst** **werden***

Übung 20

Traduisez.

1. Beaucoup de gens sont conscients des dangers de la cigarette.
2. Bist du dir dessen bewusst?
3. Il ne connaît pas sa force (traduire "connaît" par "est conscient de" !).
4. Der Fußballfan trank bis zur Bewusstlosigkeit.
5. Après son accident, il n'avait pas bonne conscience.
6. Après son accident, il n'avait pas toute sa conscience.
7. La dissolution du parlement dans cette situation a été une mesure inconsciente.

DEMANDER

Le 1er verbe qui vienne à l'esprit est bien sûr (et à juste titre) *fragen* ; mais il faut distinguer comme en français plusieurs types de "demandes".

1. En fait, il s'avère productif de comprendre fragen comme un verbe signifiant "questionner, interroger" :
   fragen + accusatif de la personne interrogée / *fragen* + *nach* datif (pour le renseignement demandé).

   Ich habe dich etwas gefragt!
   Je t'ai posé une question !

   Ich habe ihn nach der Uhrzeit gefragt.
   Je lui ai demandé l'heure.

   Une variation utile : être demandé = *gefragt sein.*

   Rollerblades sind zur Zeit sehr gefragt.
   Les rollers sont très demandés en ce moment.

   Analyse de la faute-type :
   Nos apprenants, quel que soit leur niveau supposé (Bac + n) produisent la plupart du temps, pour exprimer un énoncé comme "Pour Noël, elle a demandé à ses parents un nouveau pull" des phrases du type "*Für / Zu Weihnachten fragte sie ihre Eltern einen neuen Pullover*", soit retraduit "Pour Noël, elle a questionné ses parents un nouveau pull" ! Il faudrait dire :

Für / Zu Weihnachten bat sie ihre Eltern um einen neuen Pulli.
Für / Zu Weihnachten wünschte sie sich von ihren Eltern einen neuen Pulli.

2. Demander = souvent suivi d'un verbe à l'infinitif, demander à quelqu'un de faire qqch = *bitten (a, e).*

   Ich habe ihn / sie gebeten, mir zu helfen.
   Je lui ai demandé de m'aider.

   Ich habe ihn / sie um Hilfe gebeten.
   Je lui ai demandé de l'aide.

   Rappel : ce verbe pose problème car il subit l'interférence de plusieurs verbes très proches et parce que sa conjugaison est un peu spéciale :
   • *bitten : er bittet, bat, hat gebeten* (l'impératif de ce verbe est sans doute une des formes verbales les plus connues même d'un non germaniste : qui n'a pas entendu ou essayé de placer un "*Bitte*!" dans une phrase ?).
   • Confusions courantes avec :
   – *bieten : er bietet, bot, hat geboten.* = offrir, proposer.
   Ce verbe apparaît souvent dans sa variante *an*bieten, bietet an, bot an, hat angeboten qui a généré le substantif *das Angebot* = l'offre (au sens économique de l'offre face à la demande, *die Nachfrage*, ce qui nous ramène de façon cohérente à notre propos, à savoir la traduction de "demander" !).
   – *beten : er betet, er betete, er hat gebetet* = prier, au sens quasi théologique. Variante plus émotionnelle : *er betet seine Freundin an* = il idolâtre sa petite amie).
   – *betteln : er bettelt, er bettelte, er hat gebettelt* = mendier.
   Ce verbe est bien une forme dérivée de "*bitten*" (cf. chapitre "doublons") mais fait l'objet de moins de confusions car il est moins connu de nos apprenants.

3. Exiger, réclamer = *fordern, verlangen* (verbes faibles).

   Sie verlangt eine klare Antwort von dir.
   Elle exige une réponse claire de ta part.

   Attention à *f**o**rdern*, il peut aisément se confondre avec "*f**ö**rdern*" = promouvoir (cf. Chapitre "paires minimales").

4. Nécessiter = *erfordern*

   Diese Arbeit erfordert viel Geduld.
   Ce travail demande beaucoup de patience.

Übung 21

Traduisez.

1. Il m'a demandé si j'avais aimé le film.
2. Elle m'a demandé une cigarette.
3. Demande-lui si elle habite chez ses parents.
4. Je vous (= forme de politesse) demande d'être ponctuel.
5. Cela demande de gros moyens financiers.
6. Je lui ai demandé de m'attendre.
7. Ce sport demande beaucoup de cran.
8. J'aimerais te demander quelque chose.
9. Sais-tu demander l'heure ?

TROUSSE DE SECOURS

interroger, questionner = *fragen*
dans les autres cas :
demander qqch à qn = *jemanden bitten um* + acc
demander à qn de faire qqch = *jemanden bitten zu* infinitif
demander, exiger = *verlangen / fordern*

Cultivez la différence

L'adjectif correspondant à "différent" pose manifestement problème, à lire et entendre toutes les variantes qui nous sont sans cesse proposées. C'est qu'il y a différent et différent : divers, varié, autre, changé...

■ *der* ***Unterschied*** *(-e)* = la différence. Notez bien la construction si utile pour exprimer "il y a une différence entre... et entre..." : *Es gibt einen Unterschied zwischen* DATIF *und* DATIF :

*Es gibt ein***en** *wesentlichen Unterschied zwischen d***em** *französischen und d***em** *deutschen System.*

Il y a une différence essentielle entre le système français et allemand.

Attention au faux-ami qu'est *die* ***Differenz*** (*-en*) = divergence d'opinion, querelle.

Es kam zu Differenzen. Il y eut des différents.

Die Differenzen konnten durch einen klugen Kompromiss geregelt / geklärt werden.

Les divergences ont pu être dissipées / levées grâce à un compromis intelligent.

Dans cette dernière acception, on trouve aussi *die Meinungsverschiedenheit (-en).*

- ***ANDERS / ANDERES*** = autre, d'une autre façon, d'une autre espèce
Très souvent adverbe ou adjectif attribut (et à ce titre invariable).
1. Règle d'orthographe :
etwas anderes / nichts anderes (le *a* est minuscule, au contraire des autres adjectifs à la suite de *etwas, nichts* et *alles* qui prennent toujours une majuscule : *Im Westen nichts* ***N****eues* = A l'Ouest rien de nouveau).
2. Forme non déclinée (très usitée) : *anders* = autrement

Hier laufen die Uhren anders.
Littéral : Ici les montres tournent dans l'autre sens.
C'est un autre son de cloche. / Il va y avoir du changement

Das kann man auch anders übersetzen.
On peut aussi traduire cela autrement / différemment.

Méditez le dicton moderne suivant qui annonce ironiquement que *Es kommt erstens anders und zweitens als man denkt (*soit : tout ne se passe pas forcément toujours comme prévu).
NB : *anders herum* = dans le sens contraire, dans l'autre sens.

Wenn sie das Wort "neben" anders herum lesen, lesen Sie "neben"!

- ***VERSCHIEDEN*** = différent, divers, opposé, varié ; *verschiedene* au pluriel = quelques-uns.
Très souvent adjectif. Il peut alors permuter avec *unterschiedlich* au sens de "varié".

Sie sind oft verschiedener Meinung (-er = marquage du génitif féminin singulier).
Ils ont souvent des avis différents (littéral : sont d'opinions divergentes).

Verschiedene Parteimitglieder stimmten dagegen.
Certains membres du parti ont voté contre.

Bei der Sitzung wurden verschiedene / unterschiedliche Themen behandelt.
Lors de cette session, on a abordé des sujets différents / divers / variés.

TROUSSE DE SECOURS

Noms : der Unterschied :
Es gibt einen großen Unterschied.
Adjectif / adverbe : anders
verschieden

Übung 21

intégrez anders - verschieden - unterschiedlich *avec la désinence voulue (∅ peut être une désinence !)*

1. Wenn ich es vorher gewusst hätte, hätte ich es mir.............. überlegt.
2. Bei dem Festessen gab es.............. Sorten exotischen Gemüses.
3. Es war nicht.............. zu erwarten!
4. Im Grunde vertreten beide Kanzlerkandidaten nicht so grund.............. Ansichten (*grund* précédant l'adjectif renforce sa valeur, il en fait une sorte de superlatif, équivalent de notre archi-, archidifférent).

L'UTILISATION DU FAITOUT

Le Français "fait" tout : il fait, pêle-mêle, froid, du vélo, la cuisine, pas son âge, mal.

Pour l'Allemand, il y a faire et faire, et pour l'apprenant germaniste lieu de discriminer : ***machen, tun, treiben***.

Par un réflexe somme toute naturel et confortable, vous écrivez en toute bonne foi :

Faute répandue	Sens recherché	Forme correcte
Es macht kalt heute	Il fait froid aujourd'hui	*Es **ist** kalt heute*
Es macht schwarz hier	Il fait noir ici	*Es **ist** dunkel hier*
Mein Zahn macht mir schrecklich weh	Ma dent me fait horriblement mal	*Mein Zahn **tut** mir schrecklich **weh***
Ich mache gern rad	J'aime faire du vélo	*Ich **fahre** gern Rad*
Er macht gut die Küche	Il fait bien la cuisine	*Er **kocht** gut*
Mach Achtung!	Fais attention !	***Gib** acht! Pass (**Paß**) auf!*
*Sie macht viel Sport**	Elle fait beaucoup de sport	*Sie **treibt** viel Sport*
Sie hat eine gute Tat gemacht	Elle a fait une bonne action	*Sie hat eine gute Tat **vollbracht***
Er macht sein Studium in Wien	Il fait ses études à Vienne	*Er **studiert** in Wien*

Sie macht wirklich nicht ihr Alter!	Elle ne fait vraiment pas son âge !	*Sie **sieht** echt nicht so alt **aus**!*
Es macht seltsam	Ca fait bizarre (fam.)	*Es **klingt** seltsam / Es hört sich komisch an*
Es macht zwei Jahre, daß ich Deutsch lerne	Ca fait deux ans que j'apprends l'allemand	*Ich **lerne** seit zwei Jahren Deutsch*

* *Sport **machen*** n'est pas si faux que ça, à dire la vérité, mais il s'agit dans ce tableau de mettre en garde contre le réflexe de traduction systématique de "faire" par "machen". Parfois, ça marche, heureusement. Pour autant, il ne faut pas délaisser "*machen*" ni "*tun*", mais les laisser jouer pleinement leur rôle.

NB : l'expression "ça le fait" qui semble de plus en plus s'imposer dans le jargon vernaculaire actuel (influence étrangère) n'a pas d'équivalent exact en allemand. On retrouve pourtant une expression familière utilisée depuis longtemps, mais dans un sens légèrement différent :

Das tut's doch

Ca suffira bien / ça ira comme ça

Mein Auto tut's nicht mehr lange

Ma voiture agonise, est à 2 pas de la casse.

Übung 22

Quel "faire" proposez-vous ?

1. Die alte Dame .... jeden Tag Kreuzworträtsel.
2. Nach dem Treffen mit Mike Tyson .... dem US-Boxer sein rechtes Ohr weh.
3. Wo bist du gewesen, was hast du den ganzen Nachmittag .... ?

TROUSSE DE SECOURS

⇒ ***tun, tat, hat getan*** **= action, activité**
⇒ ***machen*** **= fabriquer, le résultat est tangible**
⇒ ***treiben, trieb, hat getrieben*** **= Sport**

4. Mach das Fenster auf, es .... so heiß hier drin wie in einer Sauna!
5. Die meisten Jungen .... heutzutage Mountain-Bike oder Skateboard.

Übung 23

Traduisez.

1. Il fait sombre dans cette pièce.
2. Vous pourriez quand même faire attention !
3. Il fait moins froid que le mois dernier.
4. De plus en plus de jeunes gens font leurs études à l'étranger
5. Elle a fait son travail en 5 minutes.

ILS NE S'HABILLENT PAS COMME NOUS OU L'HABIT FAIT LE MOINE

S'il est vrai qu'il y a peu de différences vestimentaires flagrantes entre les uniformes des jeunes allemands et les nôtres, en revanche les termes désignant l'habillement prêtent à confusion.

D'abord, il est symptomatique qu'en allemand, l'habit fasse le moine : *Kleider machen Leute*[1]. Il y aurait là matière à une réflexion transculturelle.

- *Das* ***Kleid*** *(die Kleider)* vient à l'esprit le premier. Le mot est taillé pour, mais on recourt plus avantageusement au singulier die *Kleidung* pour désigner la tenue, les vêtements (en tant qu'ensemble indifférencié),.

  Das Kleid présente l'avantage / inconvénient de désigner en même temps la robe. D'où l'ambiguïté du pluriel *die Kleider* : les vêtements ou les robes ? C'est ce qui explique le succès *de Kleidung.*

- Dans la famille "habit", on trouve encore 2 faux-frères : *der Anzug* et *das Kostüm.*

  Der Anzug (die Anzüge) = le costume (homme)

[1] C'est du reste le titre d'une célèbre nouvelle de l'excellent styliste Gottfried Keller.

Das Kostüm (die Kostüme) = la tailleur ; ce terme désignant également le déguisement.

- On peut *ein Amt bekleiden*, endosser une fonction (en revêtant l'habit de cette fonction).
  kleiden, kleidete, hat gekleidet ne pose guère de problème.
- *an*ziehen, zog an, hat angezogen = (re)vêtir ≠ *aus*ziehen, zog aus, hat ausgezogen

  Er ist stets gut gekleidet.
  Il est toujours bien habillé.

DISTINGUEZ SEULEMENT NUR ET ERST

L'amalgame entre ces 2 adverbes provient de leur traduction commune par "seulement" ; or le locuteur allemand ne les confond pas, chacun correspondant à un usage bien défini.

- NUR est de loin le plus fréquent, il délimite une quantité ou une durée, il marque un arrêt, une limite quantitative. On peut le comprendre comme un "pas plus", "exclusivement".
- ERST s'oppose à SCHON et impose une limite dans le temps. Il désigne une interruption momentanée ou exprime la vision d'un point sur l'axe du temps mais on présuppose une continuité. C'est un "pas avant", "pas plus tôt", voire "pas plus tard".

  Es tut mir leid, ich kann erst nächsten Montag kommen.
  Désolé, je ne pourrai venir que lundi prochain (au plus tôt).

  Sie verdient NUR 1800 Mark im Monat.
  Elle gagne seulement (ne gagne que) 1800 marks par mois.

Explicitation : la phrase avec "*nur*" implique qu'elle n'en gagnera guère plus, il n'y a aucune perspective, c'est presque du définitif.
Tandis que

Sie verdient ERST 1800 Mark im Monat.

signifie qu'elle est stagiaire ou débutante dans le métier, mais elle gravira les échelons et a bon espoir que son salaire augmentera (il y a continuité, évolution).
On voit ainsi que *erst* et *nur* peuvent agir strictement dans la même phrase mais impliquer des contenus tout de même très différents.

Der Junge war erst 3 Monate alt, als er Pommes aß (1)
Der Junge war nur 3 Monate alt, als er nach Indonesien umzog (2)

Dans l'énoncé (1), le gamin mange des frites pour la première fois dès l'âge de 3 mois (qu'en dirait Pernoud ?), tandis que dans le 2e énoncé, il y a une rupture dans sa vie : elle ne se déroule plus comme avant.

TROUSSE DE SECOURS

***nur* = pas plus / exclusivement**
***erst* = pas plus tard / tôt que – pour l'instant**

Übung 24

nur ou erst?

1. Da sie.............. 11 Jahre alt sind, dürfen sie den Film nicht sehen.
2. Ich hatte.............. 5 Stunden geschlafen, als der Lärm der Explosion mich geweckt hat.
3. Ich habe.............. 5 Stunden geschlafen, weil ich zuviel Kaffee getrunken hatte.
4. Beim Berliner Marathon war er.............. 32 km gekaufen, er schaffte keinen Meter mehr.
5. Beim New Yorker Marathon war er.............. 32 km gelaufen, als er einen fürchterlichen Krampf in der linken Wade spürte.

Übung 25

Sans traduire les phrases, demandez-vous seulement (!) si vous utiliseriez nur *ou* erst *pour exprimer "ne... que, seulement" en fonction du contexte.*

1. Elle n'a pu avoir qu'un enfant.
2. A 15 heures, ils étaient seulement 150 manifestants sur la place.
3. Il n'a que 16 ans.
4. Le président n'est arrivé qu'à 16 heures.
5. Le plombier ne pourra revenir que mercredi 16.
6. A 19 ans, la mère de Bach n'avait que trois enfants.

TU PARLES, CHARLES

Verbes fondamentaux de la communication, "parler" et "dire" font l'objet d'un traitement très inégal de la part des germanistes.

- parler = sprechen, spricht, sprach, hat gesprochen.

  die Sprache (-n) = la langue, le langage *die Fremdsprache* = langue étrangère

  Sa construction différente du français génère des erreurs inattendues sur ce type de verbes jugés "simples" : au contraire du français en effet, *sprechen* est bêtement transitif, inutile donc d'introduire un datif pour rendre le complément d'objet second. Construction standard : *sprechen* + accusatif

  Je voudrais parler à ton prof de math.
  Ich möchte deinen Mathelehrer sprechen.

  Elle veut lui parler tout de suite.
  Sie will ihn sofort sprechen.

  On trouve bien entendu aussi la construction sprechen *mit* suivi du datif :

  Puis-je vous parler ?
  Kann ich mit Ihnen sprechen?

  En revanche, il est impossible de construire *sprechen* en parallèle avec le français parler dans des tours comme :

  Mon couvreur m'a parlé de toi.
  Mein Dachdecker hat mir von dir erzählt (et NON : hat mir von dir gesprochen!!)

  On le voit, c'est ici *erzählen* + *von* datif qui prend le relais.[1]

- *reden, redet, redete, hat geredet* signifie parler, dire, causer, bavarder, etc.

  Évacuons d'entrée l'anglicisme qui pousse les germanistes / anglicistes étourdis à assimiler ce *reden* au verbe lire anglais, à savoir *to read.* Aucun rapport.

  die Rede (-n) = le discours *eine Rede halten (ä, ie, a)* = tenir un discours

---

[1] La tournure littéraire "*Sprich mir von deinen Träumen und Sehnsüchten*" = Parle-moi de tes rêves et désirs, existe certes, mais il est contre-productif de justifier les gallicismes courants en citant des tournures que la plupart des germanistes ignorent.

Es ist hier die Rede von dem (vom) Berliner Tiergarten.
Hier ist die Rede vom Berliner Tiergarten.
Il est ici question du zoo de Berlin.

Constructions standard : *reden* + accusatif / *reden von* datif / *reden über* accusatif

Que dis-tu là ?
Was redest du da?

Il ne raconte que des bêtises.
Er redet nur Quatsch / Unsinn.

Elle parle sans arrêt de son époux si gentil.
Sie redet immer von ihrem so netten Gatten.

Le jockey aime parler de son nouveau cheval.
Der Jockey redet gern über sein neues Pferd.

Ne vous tracassez pas au sujet de la différence de sens entre *von* et *über* : elle est si minime pour notre propos qu'elle peut être négligée.

- *sagen, sagt, sagte, hat gesagt* = dire. **Le** prototype du verbe faible.
  das Sagen haben = tenir les rênes, porter le pantalon (pop.)
  Wer a sagt, muss auch b sagen = Il faut être conséquent, finir ce qu'on a commencé.

- Réglons le sort du servile *kommunizieren* que certains jargonautes imposent à l'usager peu scrupuleux. A bannir.

TROUSSE DE SECOURS

parler à quelqu'un = *jemanden sprechen*
parler de qqch à qn = *jemandem etwas erzählen*

Übung 26

Complétez par le(s) terme(s) qui convien(nen)t et opérez les transformations nécessaires :

1. Bei seiner Konferenz .... der Historiker .... Pompei.
2 Der Obelix-Darsteller .... d... Reporter stundenlang .... sein... Begegnung mit Laetitia.
3. Am Telefon .... sie ihr... Kusine ...... ihr... neuen Verlobten.
4. “Guten Tag, Herr Kong, kann ich .... ?”

5. Könnten Sie deutlicher wiederholen, was Sie mir.............. haben?

Un peu plus dur pour les durs de durs :

6. In diesem Text ist.............. ein... neuen Recycling-Verfahren für Altöl.

RÉUSSIR – ayez de la réussite dans les idées !

Distinguez entre :

- parvenir, arriver à réaliser quelque chose = *gelingen* mais attention à la construction

  Es gelingt mir, dieses Konzept zu definieren
  Je réussis, parviens à définir cette idée

  IMPERSONNEL DONC + datif + auxiliaire *sein* au parfait, excusez du peu !!

  Es gelang ihr nicht ihre Levis anzuziehen
  Elle ne parvint pas à enfiler son Levis

  Es ist ihm gelungen, seine Eltern zu überreden
  Il a réussi à persuader ses parents

- réussir dans la vie, la carrière = *es zu etwas bringen (brachte, hat... gebracht).*

  Sie hat es in ihrem Job zur Chefin gebracht
  Dans son boulot, elle a réussi à devenir la patronne

- réussir, réaliser une performance (épreuve de courage, sportive, etc.). *es schaffen* (c. faible) *zu...* infinitif

  Michael Schumacher hat es trotz allem geschafft, Formel-1-Weltmeister zu werden
  Michael Schumacher a malgré tout réussi à devenir champion du monde de F1

- *Erfolg haben* (avoir du succès, de la réussite)

  Mit diesem Hit hat die Afrikanerin Erfolg gehabt.
  Avec ce tube l'Africaine a connu le succès

■ réussir (un examen, être reçu) = *bestehen (bestand, hat... bestanden)*

Ihr Abi hat sie mit 1,2 bestanden.
Elle a eu son bac avec 17 de moyenne.

Er hat seine Prüfung mit Ach und Krach bestanden.
Il a eu son examen ric-rac.

TROUSSE DE SECOURS

⇒ ***es gelingt mir,... zu*** **INF = parvenir, arriver à**
⇒ ***es zu etwas bringen*** **= réussir (carrière)**
⇒ ***es schaffen*** **= réussir**
⇒ ***bestehen*** **= avoir, décrocher un examen**

Et maintenant, à vous de choisir !

Übung 27

Complétez par le(s) terme(s) qui convien(nen)t.

1. Trotz aller Mühe .... (er) .... nicht, seine Schwester .... überzeugen, ihm den BMW zu leihen;
2. Viele hoffen, daß sie dank Memorol ihr Examen .... werden.
3. Ohne Becker hat .... die deutsche Davis-Cup-Mannschaft nicht ...., die Russen zu schlagen.
4. De(r) italienisch(e) Fotograph ...., ein Foto von Lady Di mit einem ihrer Liebhaber ... machen.

LE GAI SAVOIR

La distinction entre les différents sens que le français exprime commodément au moyen de "savoir" est nécessaire : quoi de commun entre "Elle sait bien danser", "Elle sait où elle peut le trouver"et "Elle sait se débrouiller" ? Le plus employé est sans conteste le savoir au sens de savoir faire, à savoir ***können*** (cf. Modaux).

Max kann gut surfen.
Max sait bien surfer.

Sie kann relativ gut Englisch.
Elle sait relativement bien l'anglais.

- Ce *können* est fortement concurrencé dans l'esprit de nos élèves par *kennen* ; certes, ce verbe signifie connaître et non savoir mais il ressemble au modal, d'où de fréquentes assimilations entre les deux. *Kennen* a une conjugaison spéciale, celle des verbes faibles irréguliers : *er kennt, er kannte, er hat gekannt.*

  John Fitzgerald sagte über Jackie: "Ich kenne die!"

  John Fitzgerald dit au sujet de Jackie : "Je la connais, celle-là !"

  Notez la construction : sich *aus*kennen in + DATIF = s'y connaître, s'y entendre en

- Le 3e savoir est bien entendu exprimé au moyen de *wissen* : il désigne un savoir cérébral, intellectuel. *Wissen* présente la conjugaison spécifique des modaux : absence de *-e* à la 1re et absence de *-t* à la 3e personne (présent indicatif singulier) : *er weiß, er wusste, er hat gewusst.*

  Rappelons ici les formes de conjugaison (l'orthographe modernisée n'apporte aucun changement) :
  Ich weiß, du weißt, er weiß, wir wissen, ihr wisst, sie wissen

  Die Kandidatin wusste die Antwort nicht.

  La candidate ne savait pas la réponse.

  On notera que, comme en français, ici on pourrait aussi dire "Elle ne connaissait pas la réponse", d'où :

  Sie kannte die Antwort nicht.

  Wissen entre dans un certain nombre d'expressions et de locutions très répandues comme :
  etwas besser wissen = tout savoir mieux que les autres (s'ériger en pédagogue)
  der Besserwisser (-) = cuistre, pédant, prétentieux
  sich zu helfen wissen = savoir se débrouiller
  Woher soll ich das wissen? = Comment puis-je le savoir ?
  Woher will sie das wissen? = D'où tire-t-elle cela / De qui prétend-elle tenir cette information ?

TROUSSE DE SECOURS

savoir (faire) = *können*
savoir (connaissances) = *wissen*
connaître = *kennen*

Übung 28

Insérez le savoir qui convient :

1. Mit neun Monaten.............. die kleine Uschi schon laufen.
2. .... Sie Ihren Namen bitte buchstabieren? (= épeler).
3. Sie crawlt gut, aber am besten.............. sie Schmetterling schwimmen.
4. .... du die Hauptstadt von Tansanien?
5. Was.............. du über Yehudi Menuhin?

Übung 29

Kennen ou können?

1. Trotz harten Trainings hat der Engländer den amtierenden Weltmeister nicht besiegen .... (En dépit d'un entraînement très dur, l'Anglais n'a pu vaincre le champion du monde en titre.)
2. Wer von euch .... sich in Informatik aus?
3. Wer von euch .... einen zuverlässigen Klempner? (= un plombier fiable).
4. Entschuldigung, ... Sie mir sagen, wie spät es ist?

SEUL

Si seulement il n'y avait qu'un seul mot pour dire seul en allemand ! Malheureusement, ***allein*** n'est pas tout seul. De fait, il faut apprendre à distinguer entre des termes qui se rejoignent (et souvent se ressemblent, ce qui n'arrange rien !) : *allein / einsam / einzeln / einzig*!

■ ***allein*** (ce terme fait pièce à l'anglais *alone*)

Manchmal ist sie ganz gerne allein.

Elle aime bien être toute seule parfois.

Sens particulier : rien que

Allein 1998 konnten 12% zusätzliche Dienstleistungsfirmen gegründet werden.

Rien qu'en 1998, 12 % d'entreprises supplémentaires de services ont pu être créées.

Pour la seule année 1998,...

On notera que dans cette 2e version, on retrouve effectivement la notion de "seul".

- ***einsam*** = solitaire, esseulé (souvent avec une connotation négative ou de souffrance)

  Viele Rentner fühlen sich am Ende ihres Lebens einsam.

  A la fin de leur vie, beaucoup de retraités se sentent seuls.

  Sous l'impulsion de la sociologie, il existe en allemand un terme spécifique pour désigner la solitude à 2 : die Zweisamkeit.

- ***einzeln*** = individuel(le), un(e) par un(e) /

  Das Kleinkind hebt die Bausteine einzeln auf.

  Le bébé ramasse les cubes un par un.

  Sous sa forme substantivée, *der Einzelne* désigne l'individu.

  Zivilcourage ist Sache des Einzelnen.

  Le courage civique (citoyen dans le jargon moderne) est l'affaire de chacun.

  Das Einzel = le simple (tennis, badminton)
  Das / ein Einzelkind = enfant unique
  Das Einzelzimmer = chambre simple

- ***einzig*** = unique

  Rarement employé seul, à part dans des tours comme *einzig und allein* (traduction : seul !), il est le plus souvent accompagné d'un article et se rapproche d'un superlatif : *der, die, das einzige* = le seul, l'unique ; on trouve aussi fréquemment *als einzig*...(être le seul à) :

  Da alle anderen wegen der heftigen Regenfälle ausfielen, kam Ralph Schumacher als einziger ins Ziel.

  Comme tous les autres durent déclarer forfait par suite des violentes précipitations, RS fut le seul à franchir la ligne d'arrivée.

  Er war der einzige, der heil ankam.

  Il fut le seul à s'en sortir indemne.

  On notera à la suite de *der einzige* qu'on ne peut employer en allemand d'infinitive alors qu'elle est de mise en français :

  Er ist der einzige, der das neue Programm wirklich beherrscht.

  Il est le seul à maîtriser réellement le nouveau logiciel.

  Mais *einzigartig* = unique (dans son genre).

TROUSSE DE SECOURS

(tout) seul = *allein*
solitaire = *einsam*
unique = *einzig*
Si vous n'en retenez qu'un SEUL,
que ce soit : *der / die / das einzige.*

Übung 30

Traduisez.

1. Même quand je suis seul, je ne me sens jamais seul.
2. C'est la seule erreur à ne pas faire (AIDE = qu'il ne faut pas faire).
3. Il a été le seul à me féliciter.
4. C'est bien le seul sportif à ne pas avoir pris d'EPO.
5. C'est le seul argument à ne pas avancer devant ce juge.

VOUS REGARDEZ TROP LA TÉLÉ !

Fernsehen peut rendre fou. Voici de quoi vous soigner. Certes, la plupart de nos apprenants connaissent le verbe *fern*sehen. Nous ne prétendons pas sortir de notre chapeau une traduction nouvelle, mais simplement corriger et rappeler l'emploi du verbe qui subit des avanies de toutes sortes à l'écrit comme à l'oral.

Mise au point (sur image).

Les substantifs

■ *das* **Fernsehen** *(-)* désigne le "media", l'institution télévisuelle.

(Das) Fernsehen ist eines der wirksamsten Medien überhaupt.

La télévision est l'un des média les plus influents dans l'absolu.

- *der* **Fernseher** *(-)* ne désigne, lui, que le poste, l'appareil (*der Fernsehapparat / das Fernsehgerät*). Ainsi

  Ich habe den Fernseher im Schaufenster gesehen.

  veut seulement dire que vous avez vu, admiré, apprécié le design d'un appareil dans une vitrine, pas que vous avez "télévisé" !

- Le problème est que nos élèves germanistes ont l'habitude de former des substantifs désignant les acteurs de quelque chose à partir du radical verbal + *-er / erin*, sur le modèle :

  lehren = enseigner ➪ *der Lehrer / die Lehrerin*
  D'où cette angoissante question : comment dit-on alors le téléspectateur ?
  Der **Fernsehzuschauer** (-).
  En fait, le contexte étant généralement clair, on peut se contenter de *der Zuschauer* (-) :

  Diese live Sportübertragung zog zahlreiche Zuschauer an.
  Cette retransmission en direct attira de nombreux (télé)spectateurs.

  NB : on notera l'emploi de l'anglais "live" (prononcé à l'anglaise svp !) pour un direct, *zeitverschoben* étant utilisé pour un différé.

- L'audimat est rendu simplement par le terme *die* **Quote** *(-n)*. Ce terme est utilisé en politique pour évoquer les quotas de femmes, mais plus largement dans les media, où il est la simplification de l'expression technique *die Einschaltquote (-n)* = le seuil, quota d'"allumage" des récepteurs !

  Die neue Sendung erzielte hohe Einschaltquoten.
  La nouvelle émission a réalisé un audimat élevé.

- *das* ***TV*** (prononcez té-faou ou tivi) est une déplorable dégradation du germananglais que jargonnent les médiologues allemands : à titre d'illustration de cette servilité américanophile, citons deux des meilleurs magazines de télévision pour les chaînes par satellites (*die Schüssel* = antenne parabolique en forme de cuvette) : *TV-Today* et *TV Movie* sont des magazines pourtant bien allemands.

Les verbes

- ***fern*sehen** : *er sieht fern, sah fern, hat ferngesehen.*

  Ce verbe ne désigne que l'activité (si tant est que c'en est une) télévisuelle mais il ne peut tolérer de COD accusatif :

  Sie sehen zuviel / zu oft fern!
  Vous regardez trop (souvent) la télévision !

  Mais

  Ich habe den Film im Fernsehen gesehen.
  J'ai vu le film à la télé.

  Pour éviter la lourdeur de cette répétition, on peut là encore se contenter de dire ou d'écrire :

  Hast du den Krimi gestern abend gesehen?
  As-tu regardé le polar hier soir ?

  En effet, quand le contexte est clair, inutile d'alourdir la structure verbale. EN AUCUN CAS : *Ich habe den Film ferngesehen* !

- **sich etwas *an*sehen** : regarder (activement)

  sich etwas ***an*schauen** (variante considérée comme *süddeutsch*, marquée du sceau de l'Allemagne du sud).
  Ce verbe sich etwas *an*schauen permet à la rigueur d'éviter la lourdeur évoquée plus haut. Attention, ce *sich* est un datif masqué ! Le cas apparaît nettement dans des tournures aux autres personnes :

  Ich sehe mir gern Sportsendungen an.
  J'aime regarder des émissions sportives

  Hast du dir den Tatort angesehen?
  As-tu regardé le dernier "Tatort" ?*

  Ich habe mir den Quiz im Fernsehen angeschaut.
  J'ai regardé l'émission de jeux à la télé.

* ***Tatort*** = littéral. lieu du crime. Série policière "culte" d'une grande longévité en R.F.A., certains épisodes sont devenus mythiques et ont servi de tremplin à des carrières, comme celle de Nastassia Kinski.

TROUSSE DE SECOURS

Substantifs : *das Fernsehen* = le media télévisuel
der Fernseher = le poste, le récepteur
der Zuschauer = le spectateur
Verbes : *fern*sehen
einen Film im Fernsehen sehen

Übung 31
Traduisez.

1. Elle regarde trop d'émissions de divertissement à la télé (= die Variété-Sendung).
2. De nombreux téléspectateurs se demandent pour quoi on les prend (jn halten für).
3. Les téléviseurs modernes sont de plus en plus fiables.
4. Trop regarder la télé abrutit.

UN PEU DE VIOLENCE DANS UN MONDE DE BRUTES

Il s'agit ici de cerner l'expression de cette notion au cœur de l'actualité. Partons du substantif :

- *die **Gewalt*** = violence, force brutale (phénomène naturel par exemple) mais aussi le pouvoir (et c'est dans ce sens montesquien qu'on peut trouver le pluriel *die Gewalten) : die gesetzgebende oder legislative Gewalt.*

- *die **Vergewaltigung*** = viol

- *die **Brutalität*** = désigne en plus une volonté de nuire, en général de la part d'un humain.

  Der Soldat schlug mit aller Brutalität auf den Reporter von Amnesty International ein.
  Le soldat frappa avec une violence extrême le reporter d'Amnesty International.

D'où les adjectifs :

- ***gewaltig*** = violent quand il signifie colossal, immense, énorme. MAIS cet adjectif n'est pas forcément négatif, il désigne souvent le déchaînement de forces immenses.

  Das Schauspiel des ausbrechenden Vulkans war gewaltig.
  Le spectacle du volcan en éruption fut formidable / violent.

  La nature se déchaîne, elle peut détruire voire tuer mais il n'y a pas d'intention maligne, maléfique.

  Die gewaltige Lawine überrollte das Bergrestaurant.
  La formidable / L'énorme avalanche ensevelit le restaurant de montagne.

- ***gewalttätig*** = violent. C'est cet adjectif que nos apprenants emploient trop peu, c'est lui qui décrit des individus violents, animés de mauvaises intentions (*gewalt+ tätig / die Gewalttat* = acte de violence). Nous attirons l'attention sur les 2 *t*, l'un venant de Gewal*t*, l'autre devant être rendu à *t*ätig.

  Immer mehr Jugendliche werden gewalttätig, und dies nicht nur in den USA.
  De plus en plus de jeunes deviennent violents, et ce pas uniquement aux USA.

- ***brutal*** = violent. Cet adjectif convient plutôt pour décrire des œuvres (films, romans, écrits) violents, quand on traite d'un sujet comme les media par exemple.

  Ich finde Van-Damme-Filme zu brutal.
  Je trouve les films avec Van-Damme trop violents.

Übung 32
Quel terme convient le mieux ?

1. Kaiser Nero war ein ....er Herrscher (souverain violent).
2. Bei der Debatte gestern fielen äußerst ....e Worte (propos violents).
3. Die Busfahrer der Vororte von Marseille streiken, weil wieder einmal eine Gruppe von ....en Rowdys einen ihrer Kollegen angegriffen hatte (der Rowdy = voyou, sauvageon, loubard).
4. Derrick gehört wirklich nicht zu den ....sten Krimiserien des deutschen Fernsehens!

ZURÜCK ET WIEDER, LE RETOUR

- *wieder* exprime une répétition, régulière ou non :

  Alle Jahre wieder ist Weihnachten.
  Tous les ans Noël revient.

- *hin und wieder* = de temps à autre, de temps en temps

  NB : l'adverbe *wieder* prend souvent le statut de particule verbale, il n'est inséparable que dans le verbe *wiederholen* = redire, répéter :

  Der Chemiker wiederholte das Experiment dreimal.
  Le chimiste répéta l'expérience trois fois.

- *zurück* marque le retour au point de départ (à cet égard, il se rapproche souvent de *heim*) :

  Der Kapitän kehrt nach Hause zurück / er kehrt heim.
  Le capitaine rentre à la maison / chez lui.

- *hin- und zurück* = aller retour

  Hin- und Zurück : einmal Hin- und Zurück Hamburg-Berlin, bitte!
  Les substantifs aussi contiennent cette nuance :
  die Rückkehr / die Wiederkehr = retour au bercail
  On notera encore :

  Alle unsere Produkte verkaufen wir selbstverständlich mit Geldzurück-Garantie!
  Bien entendu, nous vendons tous nos produits avec la garantie “satisfait ou remboursé” !

  Notez bien la différence dans ces 2 exemples :

  Sie fährt nach Amerika zurück.
  Elle rentre en Amérique.

  Sie fährt wieder nach Amerika.
  Elle repart une nouvelle fois pour l'Amérique.

Übung 33
wieder ou *zurück* ?

1. Nach dem guten Essen im Drei-Sterne-Restaurant sagte der Gastronom: “Ich komme garantiert ....!”
2. Vor seiner Nordpolüberquerung versicherte der französische Arzt: “Ich komme garantiert ....!”
3. Die unzufriedene Kundin zum Verkäufer: “Ich will mein Geld ...!”
4.” Ich trinke nie .... Whisky mit Bier!”, sagte der Ire zum Deutschen nach dem St-Patrick-Fest.

IV. Grammaire et structures

L'accusatif est soluble dans *sein*

Un des effets pervers de l'analyse logique héritée d'un ouvrage fondamental et par ailleurs éminemment respectable, nous avons nommé le *Bled*, est le raccourci aboutissant à un accusatif abusif après l'auxiliaire *sein*.

*Er ist ein gut**er** Familienvater* (et NON er ist einen guten Vater)

Analyse : einen guten Vater car : il est quoi / qui ? un COD donc accusatif !! Or, le groupe "un bon père" est, en français aussi, un attribut du sujet.

En tant que tel, il se met au même cas que le sujet, c'est-à-dire le nominatif.

Übung 34

Traduisez.

1. Ce texte est un article du journal *Die FAZ*.
2. C'est un véhicule bon marché.
3. Ce garçon est un bon élève.
4. C'est un homme qui ne se laisse pas intimider.

AIDE-TOI, ...

Pour certains verbes très courants, l'emploi allemand a de quoi dérouter l'élève francophone. En effet, des verbes à qui on donnerait l'accusatif sans concession s'avèrent un peu spéciaux. Nous proposons une liste non exhaustive mais qui recouvre les indispensables.

Verbes suivis du datif en allemand (alors qu'ils sont transitifs en français).

*auf*fallen (ä, ie, a) = frapper, sauter aux yeux

Tut mir leid, mir ist nichts Spezielles aufgefallen!

begegnen = rencontrer

Wann bist du ihm eigentlich zum letzten Mal begegnet?

*bei*stimmen = approuver

Die Mehrheit der Anwesenden stimmten der Äußerung des Redners bei.

danken = remercier

Ich danke Ihnen herzlich für Ihre Bemühung.

drohen = menacer

Er drohte mir mit meiner fristlosen Entlassung.

*ein*fallen (ä, ie, a) = venir à l'esprit, fam. : "être piqué"

Was fällt Ihnen ein, hier so zu schreien!

fehlen = manquer

Seit er im Lotto gewonnen hat, fehlt ihm nichts zum perfekten Glück.

folgen = suivre

Der Schäferhund folgte ganz diskret dem Verbrecher.

gelingen = réussir

Es ist ihm nicht gelungen, seine koreanischen Partner zu überzeugen.

glauben = croire

Das kann ich dir nicht glauben!

gratulieren = féliciter

Ich gratuliere dir zum Geburtstag!

helfen (i, a, o) = aider

Könnten Sie mir bitte helfen?

imponieren = impressionner, faire impression

David Copperfield imponierte seinen Zuschauern in Las Vegas.

kündigen = licencier, congédier

Diese Bank kündigte einigen Mitarbeitern.

sich nähern = s'approcher

Es ist verboten, sich der Unfallstelle zu nähern!

schmeicheln = flatter

In Lafontaines Fabel schmeichelte der Fuchs dem Raben.

widersprechen (i, a, o) = contredire

Er wagte es kaum, seinem autoritären Vater zu widersprechen.

*zu*hören = écouter

Nun hören Sie mir doch erst bitte mal zu!

*zu*sehen (ie, a, e) = regarder

Als der Weltmeister zum Sprung ansetzte, sahen ihm alle zu.

*zu*stimmen = approuver

Nicht alle Parteimitglieder stimmten ihrem Vorsitzenden zu.

NB : on remarquera une constante dans ces derniers verbes, la particule accentuée et donc séparable *zu* renforçant l'idée de base du verbe : sehen = voir, *zu*sehen = voir activement, regarder
hören = entendre, *zu*hören = écouter activement.

Übung 34

Traduisez.

1. Qu'est-ce qui t'a pris ? (quelle mouche t'a piqué).
2. Il a réussi à gagner la confiance de ses collègues.
3. Je l'ai rencontré au cinéma hier après-midi.
4. Il ne comprend pas qu'on le licencie maintenant.
5. Il me manque un timbre péruvien de 1922.
6. On ne peut vraiment pas t'aider !

DISTINGUEZ *ALS*, *ALS*, *ALS* ET *ALS*

Ce qui paraît une boutade est bien plus sérieux qu'il n'y paraît. Le problème des *als* n'est pas tant de les choisir que de les identifier lorsqu'on est confronté à un test de compréhension ou à un exercice de version, voire à une traduction adulte et vaccinée.

Voici les principales occurrences de *als* que peuvent rencontrer nos apprenants :

> *Als er ins Haus trat, klingelte das Telefon.*
> Lorsqu'il entra dans la maison, le téléphone se mit à sonner.
>
> *Als Profi kann ich Ihnen vom Kauf dieses Parabolskis nur abraten.*
> En tant que professionnel, je ne peux que vous déconseiller l'achat de ce ski parabolique.
>
> *Dieser Artikel ist teurer als erwartet.*
> Cet article est plus cher que prévu.
>
> *Sie tut gerade so, als wäre sie eine Prinzessin.*
> Elle fait vraiment comme si elle était une princesse.

Le *als* le plus connu est sans nul doute la conjonction de coordination (cf. chapitre *wenn, als, wann, ob*). Dans l'immense majorité des cas, il est suivi d'un verbe au passé et signifie “au moment où”. Le critère de reconnaissance de ce *als* est simple : le verbe conjugué est nécessairement en fin de phrase.

> *Als der Lkw-Fahrer die Schranke sah, war es schon zu spät.*
> Lorsque le routier vit la barrière, il était déjà trop tard.

Un *als* qui trouble beaucoup est le als suivi d'un nom (d'activité professionnelle le plus souvent) :

> *Er betonte, er spreche als Freund und Kollege zu uns, nicht als Chef.*
> Il insista pour dire qu'il nous parlait en tant qu'ami et collègue et non en tant que patron.

Le *als* au taux de reconnaissance le plus fort est le *als* comparatif :

> *Die Sitzung dauert länger als geplant.*
> La session est plus longue que prévu.

ATTENTION : en revanche, au niveau de la production (thème-expression), ce *als* génère souvent un anglicisme : c'est lui qui interfère avec l'anglais "*as*" quand nos élèves doivent réaliser un comparatif d'égalité :

> Elle est aussi maligne que sa sœur.
> *Sie ist so schlau* **wie** *ihre Schwester (et NON als ihre Schwester)*

Le *als* le plus méconnu est sans conteste le *als* résultant d'une simplification de la structure comparative irréelle *als ob,* voire *als wenn* = comme si, suivi d'un subjonctif 2.[1]

> *Sie ging an mir vorbei, als ob sie mich nicht erkannt hätte.*
> Elle passa à côté de moi comme si elle ne m'avait pas reconnu(e).

Dans les faits, le *als* de cette locution conjonctionnelle signale simplement que nous entrons dans une comparaison (irréelle en l'occurrence, ce que manifeste l'emploi du subjonctif 2) ; c'est bel et bien la conjonction de subordination *ob* qui explique la place dernière de la forme verbale *hätte.*

Or, en allemand, il est possible et même fréquent que l'on opte pour la phrase sans *ob* exprimé ; du coup, la subordonnée comparative n'est plus introduite que par le terme comparatif *als*, le verbe *hätte* retrouve donc spontanément et logiquement sa place seconde. D'où :

> *Sie ging an mir vorbei, als hätte sie mich nicht erkannt.*

On voit bien que le critère de reconnaissance de ce "*als ob*" souterrain est la place du verbe.

Nous insistons sur ce critère car on peut trouver des énoncés troublants pour nos élèves comme cette phrase extraite d'un texte de baccalauréat (session 1997) destiné à la traduction par des élèves de terminale L et qui a piégé bon nombre de candidat(e)s :

> *In nur wenigen Minuten hatte Erika mein Leben verändert, das heißt, mein Leben mit Erika war anders abgelaufen,* **als** *es das ohne Erika getan hätte..." (d'après un texte de Elke Heidenreich remanié ad usum delphini).*

---

[1] Là encore, nous nous démarquons des occurrences rarissimes de *als ob* avec le subjonctif 1 que manifestement des pédants s'obstinent à vouloir inculquer à nos élèves ; n'est pas Thomas Mann qui veut.

TROUSSE DE SECOURS

Critères d'identification :

⇒ précédé d'un comparatif = que

⇒ suivi d'un nom = en qualité de, en tant que

⇒ immédiatement suivi d'un verbe au subjonctif 2 = comme si

⇒ suivi EN FIN DE PROPOSITION d'un verbe conjugué = quand, lorsque

Les candidat(e)s les plus affûté(e)s ont tout de suite vu – cru voir – un *als* + subjonctif 2 = comme si. D'où un contresens fâcheux. Alors qu'il fallait décrypter la structure profonde "*anders... als*" = autrement que, le subjonctif 2 exprimant simplement un irréel. D'où la traduction :

> En quelque minutes à peine, Erika avait transformé ma vie, c'est-à-dire que ma vie avec Erika s'était déroulée différemment de ce qu'elle aurait été sans Erika (aurait pris un cours différent de celui qu'elle aurait eu sans Erika).

Übung 36

Traduisez les phrases numérotées (elles forment un tout cohérent) :

Der Doktor sagte zu den Eltern des kranken Kindes:

1. "Als Spezialist kann ich sie beruhigen".
2. Die Krankheit Ihres Sohnes ist weniger schlimm als befürchtet."
3. Die Eltern waren sehr erleichtert, als sie diese Nachricht erfuhren.
4. Ihr Sohn tat immer, als wüsste er von nichts.

Übung 37

Identifiez la nature de als *dans les phrases suivantes et expliquez-en le sens :*

1. Er ist dümmer als die Polizei erlaubt.
2. Als Aufsichtsbeamter ist es seine Aufgabe, gegen Fusionen einzuschreiten.
3. Als das Telefon nicht klingelte, wusste ich, dass du es bist.

IL N'Y A PLUS D'APRÈS

En fait, ce sont souvent des petits mots comme celui-ci qui font trébucher. En effet, pour faire court, nos étudiants sont friands d'un "après" unique qui rendrait toutes les acceptions possibles. C'est ce qui explique le succès de *nach*. Il faut pourtant bien distinguer (cf. tableau de conversion en annexe) :

- l'adverbe. Critère d'identification : il peut être employé seul, il n'est suivi d'aucun terme. On peut le remplacer par "plus tard". = *nachher / später / danach / dann*

  On verra ça après.
  Das sehen wir später / nachher.

  Nous en discuterons après.
  Darüber diskutieren / reden wir nachher.

- la préposition. Critère d'identification : il ne peut être seul et est toujours suivi d'un nom ou d'un pronom (au datif). = *nach* + datif

  Après le film, ils sont allés boire une bière.
  Nach dem Film gingen sie ein Bier trinken (gingen sie auf ein Bier).

  Mais je vous en prie, après vous !
  Aber bitte, nach Ihnen!

- la conjonction de subordination. Critère d'identification : le verbe conjugué est en fin. *Nachdem* = après que.

  Son usage pose néanmoins quelques problèmes aux francophones :
  1) il est accompagné d'un verbe à l'indicatif (alors que l'usage français erroné mais répandu le fait suivre du subjonctif, par assimilation avec "avant que").
  2) *nachdem* est une des rares conjonctions à exiger une concordance des temps (pour des raisons logiques et même chronologiques) :

Subordonnée introduite par *nachdem*	Principale
verbe au parfait	verbe au présent
Nachdem sie die Büchse geleert hat,	*wäscht sich die Katze.*
verbe au plus-que-parfait	verbe au passé (prétérit / parfait / plus-que-parfait)
Nachdem er gestürzt war,	*stieg er nie mehr auf ein Pferd.*

3) Le français utilise facilement un infinitif, *après que* devenant *après* + verbe ; cette construction est impossible en allemand. Il faut donc convertir les énoncés infinitifs français en énoncés conjugués :

Après avoir éteint la lumière, il s'endormit.

Etape 1 = Après qu'il avait éteint la lumière, il s'endormit.
Nachdem er das Licht ausgeschaltet hatte, schlief er ein.

Nachdem ausgeschaltet zu haben est impossible !

Übung 38

Reliez les éléments donnés de façon à obtenir une subordonnée avec nachdem.

1. Sie – sich – im Haus umsehen / Sie können mir sagen, ob Sie es kaufen.
2. das Spionageflugzeug – den Irak – überfliegen / es sendete Bilder zur UNO-Schaltzentrale.
3. das große Stadion – fertig – sein / zwei Amateurmannschaften spielten darauf
4. die Sekretärin – den ganzen Text – tippen / der Computer ist wieder einmal ausgefallen.

Übung 39

Traduisez.

1. Le ténor n'était plus le même après.
2. Le ténor n'était plus le même après l'opération de chirurgie esthétique.
3. Le ténor n'était plus le même après qu'on lui a pratiqué une liposuccion (= jemandem das Fett *ab*saugen).

ICH BIN EIN BERLINER!

Cette crâne exclamation de feu Kennedy à Berlin permet d'évoquer une particularité pourtant bien étonnante, à savoir les adjectifs épithètes invariables en allemand. Certains échappent en effet aux règles de la sacro-sainte déclinaison.

- Les noms désignant les habitants d'une ville ou d'une région sont formés à l'aide de la base à laquelle on ajoute *-er* pour un masculin et *-erin* pour un féminin. ex. :

  Frankfurt: der / ein Frankfurt*er* = habitant de Francfort
  Köln: die / eine Köln*erin* = habitante de Cologne
  Certains de ces dérivés ont fait carrière, comme *der Hamburger* et *ein Frankfurter*, désignant tous deux des spécialités gastronomiques. En revanche, mieux vaut éviter de revendiquer haut et fort sa parisianité en proclamant "*Ich bin ein Pariser*", ce terme étant – perfidement peut-être mais on ne prête qu'aux riches – utilisé pour désigner le préservatif en langue peu soutenue (*ein Pariser-Automat* n'est pas une maternité de la capitale).

- Les dérivés masculins servent aussi de base aux adjectifs : *das Straßburger Münster*. Mais on s'aperçoit que cet adjectif *Straßburger* n'a pas un comportement normal :
  – il conserve sa majuscule d'origine
  – il ne se décline pas. En effet, si on remplaçait l'adjectif en question par "*gothisch*", il faudrait compléter celui-ci par les marques idoines : das gothisch*e* Münster.

- Autres type d'adjectif dérivé et invariable, avec la terminaison *-er*, ceux qui désignent des décennies :

  les années 20 = *die zwanziger Jahre* (on trouve aussi : *die Zwanzigerjahre*).
  Dans les années 90 = in den neunzig*er* Jahren

  > *In den vergangenen neunziger Jahren*
  > Dans les années 90 qui viennent de s'écouler

  (*vergangen* est un adjectif déclinable, d'où *-en*, datif pluriel).

- Enfin, pour être complet, sont invariables aussi quelques adjectifs d'origine étrangère, désignant des couleurs notamment :
  rosa / lila / prima

  > *In der Wiese steht die berühmte lila Kuh.*
  > Dans les prés se tient la fameuse vache mauve.
  >
  > *Sie ist wirklich ein prima Kerl!*
  > Elle est vraiment un chic type !

Übung 40

Complétez par la marque voulue :

1. der Köln… Dom.
2. Im schön… Köln… Dom.
3. Sie stand an der Berlin… Mauer.
4. Nach dem Fall der tragisch… Berlin… Mauer.
5. Ich tanze gern Wien… Walzer.
6. Der Moskau… rot… Platz steht leer.
7. In den früh… sechzig… Jahren.
8. In den spät… Sechzig…
9. Sie fährt ein prima…… rosa…… Cabrio.
10. Warum setzt du immer eine rosarot… Brille auf?

LE COMPARATIF, CE N'EST PAS LA *MEHR* À BOIRE

Avant de parler du mécanisme et des règles spécifiques d'emploi, nommons d'entrée quelques Faustregeln (règles d'usage pragmatiques) pour éviter le pire.

- Dans la famille comparatif, on trouve le plus souvent le comparatif de supériorité* :

  *Die Aufgabe war schwer***er** *als er dachte.*
  La tâche était plus difficile qu'il ne se l'imaginait.

RAPPEL : comparatif de sup. = ADJECTIF / ADVERBE *-er* suivi de *als*.

*ou d'infériorité, question de point de vue : ainsi le comparatif de *wenig* (= peu) est-il régulier, soit *weniger ;* mais *weniger* veut dire moins et exprime donc une infériorité.

La faute la plus fréquente chez nos apprenants est l'emploi très spontané mais trop systématique de ce ALS (par contamination avec l'anglais *as* qui lui ressemble comme un faux-frère) et ce même quand le comparatif est simple, c'est-à-dire n'exprime que l'égalité / inégalité entre 2 ou plusieurs éléments :

Ce n'est pas aussi dur que tu penses.
Es ist nicht so schwer wie du denkst.

RAPPEL : comparatif d'égalité = *so* ADJECTIF / ADVERBE *wie*
d'inégalité = *nicht so* ADJECTIF / ADVERBE *wie*

ET NON *so schwer als du denkst* !

Ein Tennisball fällt so schnell wie eine Petanque-Kugel, behaupten Amateurphysiker.
Une balle de tennis tombe aussi vite qu'une boule de pétanque, proclament certains physiciens amateurs.

■ Autre faute de facilité répandue : l'emploi de *mehr,* qui procède d'un réflexe de traduction mentale :

Il fait plus chaud.
Es ist wärmer.

ET NON *mehr warm* !

Le comparatif de supériorité – particularités

Certains adjectifs / adverbes prennent un Umlaut (ils ont pour la plupart un dénominateur commun : ils ne comportent qu'une seule syllabe). Voici une liste non limitative des plus fréquents :

■ 6 paires d'adjectifs qui s'opposent :

alt ≠ jung	➪ *älter jünger*	*vieux / jeune*
dumm ≠ klug	➪ *dümmer klüger*	*stupide / intelligent*
kalt ≠ warm	➪ *kälter wärmer*	*froid / chaud*
krank ≠ gesund	➪ *kränker gesünderO*	*malade / sain*
kurz ≠ lang	➪ *kürzer länger*	*court / long*
schwach ≠ stark	➪ *schwächer stärker*	*faible / fort*

O *gesund* fait l'objet d'une hésitation (pas de faute possible donc !) : *gesunder* ou *gesünder?*
Logique pourrait-on penser, puisque *gesund* n'est pas un monosyllabique. Mais les Allemands hésitent aussi pour :

blass / blaß	➪	*blässer ou blasser?*	*blême, pâle*
glatt	➪	*glätter ou glatter?*	*lisse, glissant*
krumm	➪	*krümmer ou krummer?*	*tordu, recourbé*
rot	➪	*röter ou roter ?*	*rouge*

Dans la même série d'adj. / adv. qui prennent un Umlaut, on trouve aussi :

arm	➪	*ärmer*	*pauvre*
grob	➪	*gröber*	*grossier, rustre*
groß	➪	*größer*	*grand*
hart	➪	*härter*	*dur, difficile*
nah	➪	*näher*	*proche*
oft	➪	*öfter*	*souvent*
scharf	➪	*schärfer*	*acéré, aigu, tranchant*

NB : on peut aussi citer *arg* ➪ *ärger,* grave :

Die Lage ist ärger als erwartet.

La situation est pire / plus grave que prévu.

Simplement, au degré 0, cet adjectif est très rare et relève de la cuistrerie pure. Il connaît une plus grande carrière sous sa forme verbale *ärgern* = agacer, énerver. Sous sa forme adverbiale, il peut moduler un autre adjectif :

Die Schuhe dieses ex-Ministers sind arg teuer.

Les chaussures de cet ancien ministre sont rudement / bigrement chères.

■ Irréguliers :

bald	➪	eher	*plutôt / de préference*
gern	➪	lieber	*sert à exprimer aimer / préférer (en relation avec un verbe)*
gut	➪	*besser*	bon / meilleur
hoch	➪	*höher*	haut / plus haut
viel	➪	*mehr*	beaucoup / plus

STRUCTURES utilisant un comparatif

■ ***immer*** **+ adjectif** / adverbe au comparatif = de plus en plus...

Il n'est guère heureux de répéter, par imitation, mehr und mehr ou deux comparatifs. On optera donc pour :

In Russland werden Kartoffeln immer teurer.

En Russie les pommes de terre sont de plus en plus chères.

ET NON *teurer und teurer* ! (anglomanie oblige, les journaleux en usent et abusent).
A l'inverse, retenez qu'en version, il faut éviter de traduire littéralement cette même expression :
immer öfter = de plus en plus souvent (et NON : toujours plus souvent !)
immer größer = de plus en plus grand (et NON : toujours plus grand !)

- ***immer mehr*** = de plus en plus (quantificateur)

Cette expression est souvent suivie d'un nom quantifiable :

> *Immer mehr Deutsche fahren Rad.*
> De plus en plus d'Allemands font du vélo.
>
> *Gewisse Produkte kosten immer mehr.*
> Certains produits coûtent de plus en plus (cher).

Curieusement, son opposé, de moins en moins, c'est-à-dire *weniger*, souffre de méconnaissance :

> *Ich weiß immer weniger.*
> J'en sais de moins en moins.
>
> *Seit 10 Jahren gibt es immer weniger Unfalltote im Straßenverkehr.*
> Depuis 10 ans il y a de moins en moins de victimes sur les routes (dans des accidents de circulation).

- ***je..., desto...*** ou ***je..., umso...***

> *Je mehr ich lese, desto weniger kapiere ich.*
> Plus je lis, moins je pige.
>
> *Je besser die Fernseher werden, umso seichter sind die Programme.*
> Plus les téléviseurs s'améliorent, plus les programmes sont creux.

Je a rang de subordonnant, ce qui explique la présence du verbe conjugué en fin de proposition ; en revanche, *desto* et *umso* n'ont que valeur de coordonnant, le verbe est donc juste derrière.

- ***umso*** peut se trouver tout seul, au sens de "d'autant plus que" :

> *Der Schnee ist umso klebriger, als es gestern noch geregnet hat.*
> La neige est d'autant plus collante qu'il a plu de nouveau hier.

- Le comparatif dit "absolu" :

Es ist eine ältere Dame = c'est une dame entre deux âges, d'un certain âge.

TROUSSE DE SECOURS

1. Comparatif d'égalité :	⇨ *so... wie*
d'inégalité :	⇨ *nicht so... wie*
2. Comparatif de supériorité :	⇨ *-er... als*
	⇨ *¨er... als*
3. Structures :	⇨ *immer -er*
	⇨ *immer mehr / immer weniger*
	⇨ *je... desto*
	⇨ *je... umso*

Eine größere Panne = une panne importante
ein jüngeres Modell = un modèle assez récent
C'est un comparatif sans "*als*", qui permet de nuancer un énoncé, soit par politesse (atténuer l'âge de quelqu'un) soit par volonté de pratiquer ce que les Anglais appellent modestement l'*understatement* (figure de style qui a une tête de litote) :

> *Dieses Kommando war ein gefährlicheres Unterfangen.*
> Cette opération commando était une entreprise des plus hasardeuses (autrement dit : extrêmement périlleuse !).

Übung 41

Rectifiez, le cas échéant, la forme soulignée (les adj / adv sont donnés au degré 0 avec leur traduction entre parenthèses) :

1. Es ist eine mehr komplizierte Frage (kompliziert = compliqué).
2. Der Porsche ist ein teurerer Wagen (teuer = cher).
3. Das Schaf Dolly wird seiner Mutter ähnlicher und ähnlicher (ähnlich = analogue, identique, semblable).
4. Das dürfte ein kleinerer Fehler sein (klein = petit, négligeable).
5. Ich kenne keinen güteren Klavierspieler (gut = bon).

Übung 42

Mettez au comparatif en opérant les transformations nécessaires, les marques de déclinaison étant données. (> comp. de supériorité, < comp. d'infériorité, ≠ comp. d'inégalité et = comp. d'égalité).

1. Das ist ein .... Ergebnis... vor 10 Jahren (gutes >).
2. Jetzt wo du es mir erklärt hast, ist alles .... (klar >).
3. Der Dinosaurierfilm von Spielberg ist .... sein neuester Kriegsfilm (lang ≠).
4. Sie würde ... noch eine Woche auf Teneriffa bleiben (gern >).
5. PCs (= Personalcomputer) sind heute .... noch nie! (billig =).

6. In der normalen Welt fällt eine Petanque-Kugel .... ein Tennisball (schnell >).

Übung 43

Etablissez une corrélation en utilisant un comparatif :

1. Dieser Radprofi lügt *oft* – man glaubt ihm *wenig*.
2. Das Auto ist *klein* – Front- und Seitenairbags sind *nützlich*.

NE DESCENDEZ PAS DANS LA RUE

Nous évoquons ici les principales fautes-types faites sur l'emploi des prépositions. Il ne s'agit pas des régimes ou rections de certains verbes, adjectifs ou noms traités dans le chapitre Régimes, mais bien d'expressions courantes, comme celle évoquée dans le titre.

Faute classique	Sens et emploi	Solution
Ich fahre zu Hause	je rentre à la maison	*Ich fahre* ***nach*** *Hause*
Sie fährt bei ihrer Tante	Elle va chez sa tante	*Sie fährt* ***zu*** *ihrer Tante*
Ich habe nur 50 Francs auf mir	Je n'ai que 50 francs sur moi	*Ich habe nur 50 Francs* ***bei*** *mir*
Das Kind zitterte von Kälte	L'enfant tremblait de froid	*Das Kind zitterte* ***vor*** *Kälte*
Er bleibt gern bei ihm	Il aime rester chez lui	*Er bleibt gern* ***zu Hause*** */* ***daheim***
In der Straße ist alles ruhig	Tout est calme dans la rue	***Auf*** *der Straße ist alles ruhig*
Der Penner trinkt in der Flasche	Le clochard boit dans la bouteille	*Der Penner trinkt* ***aus*** *der Flasche*
Der Euro kommt in 1999	L'euro viendra en 1999	*Der Euro kommt 1999*
Für diesen Grund	Pour cette raison	***Aus*** *diesem Grund*
An der Bedingung, daß	A condition que	***Unter*** *der Bedingung, dass*

Übung 44

Complétez par la préposition / et ou la locution qui convient qui convient en allemand :

1. Die Studenten sind.............. die Straße gegangen.
   Les étudiants sont descendus dans la rue.
2. Wegen seiner Erkältung blieb der alte Mann..............
   A cause de son refroidissement, le vieil homme resta chez lui.
3. Sag mal, du hast nicht zufällig eine Telefonkarte.............. dir?
   Dis donc, tu n'aurais pas par hasard une carte téléphonique sur toi ?
4. Sie weigert sich,.............. derselben Tasse wie ihr Nachbar zu trinken.
   Elle refuse de boir dans la même tasse que son voisin.
5. Diese Behauptung ist.............. folgenden Gründen anfechtbar.
   Cette affirmation est contestable pour les raisons suivantes.

LES DOUBLONS, VERBES RICHES

Dans la rubrique consacrée aux verbes de position / mouvement, nous avions évoqué une "recette" permettant d'éviter les dérapages dans la conjugaison : aux verbes ayant un sens actif, fort correspondait une conjugaison faible et vice et versa.

Cette constante se vérifie largement pour les autres "doublons", c'est-à-dire des verbes en général forts qui ont donné naissance à un petit dernier faible. Nous nous bornerons à donner les plus courants.

Verbe fort et intransitif	Verbe faible et transitif
erschrecken: erschrickt, erschrak, ist erschrocken = s'effrayer, prendre peur	*erschrecken = faire peur, effrayer*
ertrinken: ertrinkt, ertrank, ist ertrunken = se noyer	*ertränken = noyer*
fahren, fährt, fuhr, ist gefahren = conduire, rouler	*führen = guider, mener, conduire*
fallen: fällt, fiel, ist gefallen = tomber, chuter	*fällen = abattre (faire tomber un arbre)*

schwimmen: schwimmt, schwamm, ist geschwommen = nager	*schwemmen = faire tremper, faire dériver (ex. : Die Flut hat den kleinen Wal ans Ufer geschwemmt)*
sinken: sinkt, sank, ist gesunken = couler, sombrer *(Mais de fait verbe très employé en économie)*	*senken = faire baisser, réduire*
springen: springt, sprang, ist gesprungen = sauter	*sprengen = faire sauter (= faire exploser)*
trinken: trinkt, trank, hat getrunken = boire	*tränken = faire boire, abreuver*

Bien sûr, une langue n'étant pas une mécanique, on trouve aussi des exceptions au phénomène constaté ; nous avons comme toujours adopté comme principe de donner des éléments permettant de s'en sortir si la règle précise est ignorée ou oubliée.
Ainsi, la paire *erwachen-erwecken* ne "fonctionne"-t-elle pas :
erwachen signifie bien se réveiller et est donc intransitif (aurait donc sa place dans la colonne de gauche supra) et correspond à *erwecken* = réveiller qui, plus actif, transitif est logiquement faible. Le hic : *erwachen* est faible :

Jeden Morgen erwachte sie um sieben.
Chaque matin, elle se réveillait à sept heures.

Jeden Morgen (er)weckte sie der Hahn um sieben. (der Hahn = le coq)
Chaque matin, le coq la réveillait à sept heures.

Übung 45

Insérez le verbe qui convient (pensez aussi aux verbes de position) et conjuguez-le au temps indiqué.

1. Mit deiner furchtbaren Frankenstein-Maske .... du mich vielleicht! (parfait)
2. In diesem neuartigen Sessel .... man sehr bequem. (présent)
3. Der Brite .... in knappen 6 Stunden über die Meeresenge (= détroit). (prétérit)
4. Die *Titanic* .... im Jahre 1912 bei ihrer Jungfernfahrt (= première sortie, baptême). (parfait)

5. Der neue Wirtschafts-und Finanzminister in einer Person.............. die Steuern nicht wie versprochen. (prétérit).
6. Jedesmal wenn sie sich im Spiegel sieht, ... die alte Hexe (= la sorcière) (présent).
7. Nachdem der Prinz sie geküsst hatte, ... Dornröschen zu neuem Leben (= la belle au bois dormant) (prétérit).
8. Mit der korrigierten Version der A-Klasse .... er sicher zur Arbeit (prétérit).
9. Guten Tag, meine Herren, was .... Sie zu uns? (présent).
10. Eine Ananas .... vom Baum auf seinen Kopf, also .... er den Baum (prétérit-prétérit).

NE FAITES PAS FAIRE, FAITES

Nos candidats francophones se font souvent piéger par des tournures verbales aussi anodines, surtout consistant à faire se répéter deux fois le même verbe.

Vous dites souvent	Vous vouliez dire	On aimerait vous entendre dire
Er macht sich die Haare blau färben.	*Il se fait teindre les cheveux en bleu*	*Er **läßt** sich die Haare blau färben*
Der Kapitän läßt seine Mannschaft fallen	*Le capitaine laisse tomber son équipe*	*Der Kapitän läßt seine Mannschaft **im Stich.***
Machen Sie es mich wissen	*Faites le moi savoir*	***Lassen** Sie es mich wissen*
Clowns machen mich eher weinen	*Les clowns me font plutôt pleurer*	*Clowns **bringen** mich eher zum Weinen*
Der Mathelehrer konnte mir diese Gleichung nicht verstehen machen	*Le prof de maths n'a pas su me faire comprendre cette équation*	*Der Mathelehrer konnte mir diese Gleichung nicht **verständlich** machen*

Ces quelques exemples typiques montrent qu'il faut rester vigilant quand on veut faire passer cette structure.

Nous donnons les emplois les plus typiques et les plus utiles :

- laisser tomber, au sens de "ne pas insister" = *es sein lassen* (*es vergessen : Vergiss es*!).

  au sens de "se contenter de, se cantonner à" = *es dabei bewenden lassen* (littéraire*)*.

  au sens de "laisser une personne / une entreprise en suspens" = *im Stich lassen*
- faire rire = *jemanden zum Lachen bringen* ("*Lachen*" est ici substantivé, d'où la majuscule). *Er macht mich lachen* existe certes, mais respire fort son dialecte.
- amener qn à la raison = *jemanden zur Vernunft bringen*
- laisser faire (on s'incline devant l'autorité de qn ou une instance très puissante) = *walten lassen*

  Wir sollten doch besser den Direktor walten lassen.

ATTENTION à ces 2 expressions, où ne subsiste qu'un seul verbe en allemand :

- faire comprendre qqch à qn = *Jm etwas verständlich /begreiflich machen*
- faire croire (qqch de faux, d'illusoire) à qn = jemandem etwas *weis*-machen (attention, ce verbe d'emploi plutôt familier n'a aucun rapport avec "*weiß*" – blanc – mais avec "*weise*" – sage).

  Quand *faire + verbe* implique l'idée d'une *manipulation* de l'esprit ou de la conscience, l'allemand emploie une tournure spéciale, mais très fréquente en économie (les procédés de la mercatique) et en politique / idéologie : *jemanden zum SUBSTANTIF* ***an****regen.*

  Ex. : faire rêver = *jemanden zum Traum* ***an****regen*

  Werbung auf Hochglanzpapier regt den unkritischen Konsumenten zum Traum an.

  La pub sur papier glacé incite au rêve / fait rêver le consommateur dépourvu de sens critique

TROUSSE DE SECOURS

⇒ faire + verbe infinitif = *lassen* + verbe infinitif

⇒ faire + verbe = *bringen* + verbe infinitif

⇒ faire = inciter, pousser à = *an*regen + zu infinitif substantivé ou substantif

Übung 46

Quelle tournure convient le mieux ici ?

1. Ausgefeilte Marketingmethoden............... d... Durchschnittsbürger fast immer.............. (kaufen).
2. Inspektor Colombo hat eine besondere Art, Verdächtige............... (reden).
3. Auf der Karnevalssitzung fragte der Redner: "Sollen wir den nächsten Komiker..............(hereinkommen)?"
4. In der Disko ließ Gabi einen aufdringlichen Anmacher mit den Worten abblitzen: "............... !" (Gabi remit à sa place un dragueur "collant").

Que faire – que dire ?

Le français utilise plus souvent des infinitives que l'allemand. Nous en avons déjà vu des exemples (cf. il n'y a plus d'après). Certaines constructions très courantes en français exigent de la dextérité si on veut les transposer en allemand :

Expressions où le français utilise un infinitif sans préposition *à, de* (comme dans : il a réussi *à* venir) alors qu'en allemand on a besoin d'un *zu* :

- *behaupten* (affirmer, prétendre)

  Der ehemalige Politiker behauptet, nichts davon gewußt zu haben.
  L'ancien politique prétend ne rien en avoir su.

- *wagen* (oser, se risquer à)

  Du wagst es, mir zu widersprechen?
  Comment ? Tu oses me contredire ?

- *wissen* (savoir, être à même de)

  In allen Lagen weiß sie sich zu helfen.
  Elle sait se débrouiller en toutes situations.

Expressions où le français utilise une infinitive mais où celui-ci est exclu en allemand :

■ dire = *sagen* (au sens de "ordonner")

Er hat mir gesagt, ich solle den Text übersetzen.
Il m'a dit de traduire le texte.

A PROSCRIRE ABSOLUMENT : *Er hat mir gesagt, den Text zu übersetzen.*
savoir / ne pas savoir = *(nicht) wissen* + subordonnée avec un modal conjugué. Il importe de convertir d'abord l'infinitive française en subordonnée avec modal en allemand :

Sie wusste nicht mehr, was sie sagen sollte / konnte
Elle ne savait plus que dire (= ce qu'elle devait / pouvait dire)

Er weiß nicht, was er machen soll / kann.
Il ne sait que faire (= ce qu'il doit / peut faire)

Dans les deux cas, sont à éviter : *sie weiß nicht mehr was sagen* et *Er weiß nicht was machen.*[1]

■ prétendre = *sagen, behaupten.*

Der Abteilungsleiter sagt, er leide unter Amnesie (dass er unter Amnesie leide)
Le chef de service dit souffrir d'amnésie (qu'il souffre d'amnésie).

■ être le seul à = *der einzige, der... / die einzige, die... / das einzige, das... (der / die / das Einzige)*

Der Junge ist der einzige, der den Unfall gesehen hat.
Le garçon est le seul à avoir vu l'accident (qui ait vu l'accident).

Übung 47
Traduisez.

1. Comment parler du passé ?
2. Ce conducteur ivre prétend ne se souvenir de rien.
3. Il dit avoir oublié comment il est rentré chez lui.
4. Elle est la seule à ne pas savoir se servir d'un ordinateur.
5. Sur scène, l'acteur ne sait plus comment jouer.
6. Bill ou Monica, qui croire ?

[1] On trouve certes *Ich weiß nicht mehr was tun* et autres. Mais ces tournures procèdent d'un relâchement de style typique de certains milieux, en particulier journalistiques.

AH ÇA IRA OU LE FUTUR NE MANQUE PAS D'ALLANT

Le futur, s'il ne manque pas d'avenir, est très simple en allemand. Dans 80 % des cas, le présent suffit, souvent accompagné – mais cela n'est pas nécessaire – d'un terme recélant l'idée de futur.

Ich fahre erst nächste Woche.

Ici, c'est *nächste* qui exprime l'aspect prospectif.

Übung 48

Exercice de sensibilisation : quels termes sont porteurs de cet aspect dans :

Kommst du morgen?
Viendras-tu / Tu viens demain ?
Das tut dir noch leid!
Tu le regretteras !
Wenn sie ihr Abitur bestanden hat, studiert sie in Bordeaux.
Quand elle aura son bac, elle fera ses études à Bordeaux.

Le futur "normal" se construit avec *werden* conjugué associé à l'infinitif :

Es wird dieses Jahr sehr kalt sein.
Il fera très froid cette année.

Mais en tout état de cause, il est bien moins employé que les formes spécifiques en français. De fait, les formes sur *werden* correspondent plutôt aux formes en aller + verbe :

Es wird regnen.
Il va pleuvoir.

Ce parallélisme ne peut être érigé en système, mais il évite la traduction littérale de beaucoup de candidats qui servent aux examinateurs des *Er geht nach Singapur fliegen* (pour *Il va s'envoler pour Singapour*), au lieu de

Er wird nach Singapur fliegen.

Übung 49

Le futur formé avec werden *est-il nécessaire dans les phrases suivantes ? Attention, les ...... ne sont pas forcément à remplir !*

1. Der Bundesumweltminister ist sich dessen sicher: "Alle 19 Kernkraftwerke .... bis zum Jahr 2000 .... (stillstehen = être éteint, arrêté, débranché).
2. Hoffentlich .... es noch viel .... ! (schneien).
3. Du .... dein blaues Wunder ....! (erleben) Sens : Tu vas voir ce que tu vas voir !
4. Die Turnerin .... große Fortschritte .... (machen müssen).
5. Im Jahr 2032 .... es garantiert wieder eine prächtige Goethe-Jubiläumsfeier .... (geben).
6. Die nächste Maschine nach Singapur .... erst in 2 Stunden .... (*ab*fliegen).

Übung 50

Traduisez (de la façon la plus contrastive possible).

1. Il va y avoir un orage.
2. Rira bien qui rira le dernier.
3. Tu prendras bien encore un verre ?
4. Ce pauvre cochon ne verra jamais de truie.

IL Y A

Pour rendre cette structure très fréquente en français, le germaniste de bonne volonté pensera spontanément à *es gibt*.

Pas faux. Mais à condition de ne pas perdre de vue le sens et de ne pas oublier l'accusatif qui suit :

> *Es gibt einen neuen Satelliten, der noch viel mehr Fernsehprogramme anbietet.*
> Il y a un nouveau satellite qui propose encore bien davantage de programmes télé.

■ Existence

Es gibt exprime en effet que quelque chose ou quelqu'un existe :

Es gibt noch einige Wölfe, die in Europa frei leben.

Il y a encore quelques loups vivant en liberté en Europe

In dieser Geschichte gibt es einen tollpatschigen Gangster.

Dans cette histoire il y a un gangster pataud

Ces dernières années, on constate même chez des germanistes consciencieux des dysfonctionnements de cette structure verbale pourtant simple : dès que *es gibt* est conjugué ou que *es* se trouve éloigné de *geben ;* C'est le cas quand *es gibt* est au parfait ou assaisonné d'un modal :

Beim letzten Gipfeltreffen hat es leider unerwartete Meinungsverschiedenheiten gegeben.

Lors de la dernière rencontre au sommet, il y eut malheureusement des différends / divergences d'opinion inattendus.

Mit solchen Leuten kann es schon mal Schwierigkeiten geben.

Avec de telles personnes, il peut sans nul doute y avoir des difficultés.

Si par contre, on dit "Il y a"par une sorte de mécanisme de langage, il faut se méfier :

– Il y a bien 5 ans qu'il n'a plus gagné de tournoi.
– Y a-t-il un pilote dans l'avion ?
– Il n'y a pas loin entre la gare et le centre ville.
– Il y a un vase affreux sur la table.

D'où les distinctions suivantes :

■ **Temporel**

1. *seit* + datif
2. *Es ist / sind* + unité de temps + *her, seit...* (conj. de sub. donc verbe en fin).

Es ist / sind + unité de temps + *her, daß...* (= *dass*) mais suivi alors d'une négation.

Er hat schon seit gut 5 Jahren kein Turnier mehr gewonnen.
Fünf Jahre ist es her, seit er sein letztes Jahr gewonnen hat.

Il y a bien 5 ans qu'il na plus gagné de tournoi.

Es ist jetzt schon einen Monat har, daß (= dass) er keinen Tropfen Milch mehr getrunken hat.

Il y a / Cela fait maintenant un bon mois qu'il n'a pas bu une goutte de lait.

- **Présence**
  Présence physique et localisation = verbe de position / auxiliaire *sein* / *sich befinden (a, u)*

  Befindet sich vielleicht ein Pilot an Bord?
  Ist vielleicht ein Pilot an Bord?
  Y a-t-il un pilote dans l'avion ?

- **Espace**, distance = *sein*

  Es sind kaum 500 Meter vom Bahnhof zur City.

TROUSSE DE SECOURS

⇒ ***Es gibt*** **+ accusatif**
⇒ ***Es ist (lange) her, daß*** **(= dass), *seit...*** **(verbe en fin)**
⇒ ***Es befindet sich***
⇒ ***Es ist / sind***
⇒ **verbe de position (*stehen / liegen / sitzen...*)**

Et maintenant, il y a du pain sur la planche : (*Es gibt viel zu tun, packen wir's an*!).

Übung 51

Conjuguez la structure es gibt et insérez la dans la phrase :

1. ... / in diesem Jahr eine große Ananas-Ernte (parfait).
   Il y a eu une grande récolte d'ananas cette année.
2. Ende Februar / einen Kompromiss zwischen Arbeitgeberverbänden und Gewerkschaften (futur).
   Fin février il y aura un compromis entre les fédérations patronales et les syndicats.
3. Bei diesem Rugby-Spiel / Proteste gegen die Entscheidung des schottischen Schiedsrichters (plus-que-parfait).
   Lors de ce match de rugby, il y avait eu des protestations contre la décision de l'arbitre écossais.
4. Warum / dieses Medikament nicht schon früher? (parfait).
   Pourquoi ce médicament n'a-t-il pas existé plus tôt / n'y a-t-il pas eu... ?

Übung 52

Quelle traduction de "il y a" proposez-vous pour compléter les phrases suivantes ?

1. Zwei Tage / die fremde Katze nichts gefressen hat.
2. Keinen großen Unterschied zwischen Blaukraut und Rotkohl.
3. Von hier aus / nicht ganze 2 km bis zur ADAC-Hilfsstation.
4. Lange / die albanische Nationalelf kein Tor geschossen hat.
5. Auf dem Sofa / ein Gameboy.
6. Die Mona Lisa / im Musée du Louvre in Paris.
7. Eine hässliche Vase / auf dem Tisch.

Les modaux ne prennent pas le T

Ne cherchant pas à substituer notre ouvrage à des grammaires, nous ne referons pas l'exposé exhaustif sur les verbes de modalité. Rappelons qu'ils présentent des particularités, notamment de par leur conjugaison : ils ont au présent les formes de prétérit de verbes forts, c'est-à-dire :

∅ *ich will*
st *du willst*
∅ *er will*
en *wir wollen*
t *ihr wollt*
en *sie wollen*

Bilan : JAMAIS de T avec *er* / *sie* / *es* singulier !

Leur conjugaison commentée

Nous ne donnons que la 3e personne singulier

Verbe	Présent indic.	Prétérit	Subjonctif 2	Parfait	
wollen	*will*	*wollte*	*wollte*[1]	*hat gewollt*	*hat wollen*[2]
mögen	*mag*	*mochte*	*möchte*	*hat gemocht*	*hat mögen*
können	*kann*	*konnte*	*könnte*	*hat gekonnt*	*hat können*
dürfen	*darf*	*durfte*	*dürfte*	*hat gedurft*	*hat dürfen*
müssen	*muss (muß)*	*musste*	*müsste*	*hat gemusst*	*hat müssen*
sollen	*soll*	*sollte*	*sollte*	*hat gesollt*	*hat sollen*
wissen	*weiß*	*wusste*	*wüsste*	*hat gewusst*[3]	

[1] Le subjonctif 2 de ce verbe comme celui de *sollen* d'ailleurs ne se distingue pas du prétérit : ils ne peuvent prendre de Umlaut.

[2] Sur les 2 formes concurrentes, cf. nos commentaires plus bas.

[3] *wissen* n'a qu'une forme de participe 2, et cela n'est pas fait pour étonner, puisqu'il n'est pas un vrai modal, adulte et vacciné.

Pourquoi les modaux ont-ils 2 participes 2 ? Ce n'est ni la vitesse du vent ni la température qui décident. Nous allons donner une recette fort simple : dès qu'il est impliqué dans un système de temps composés du passé où il y a donc plus de 2 verbes dans la phrase, le modal adopte la forme participiale identique à l'infinitif (le fameux "double infinitif") :

Je ne l'ai pas entendu venir.

Bilan : ai + entendu + venir, soit 3 formes verbales.

Ich habe ihn nicht kommen hören (et non gehört)

Je n'ai pas voulu dire cela.

Bilan : 3 verbes

Ich habe das nicht sagen wollen. (et non gewollt)

MAIS :

Je n'ai pas voulu ça.

Bilan : 2 verbes

Ich habe das nicht gewollt.

Leur sens

Ils sont au nombre de 6 et peuvent être classés par 2 en fonction des nuances qu'ils donnent aux autres verbes :

- 2 expriment le domaine du vouloir :
  wollen = volonté affirmée
  mögen = aimer bien, vouloir bien (surtout au mode subjonctif 2).
- 2 relèvent du pouvoir :
  können = aptitude, savoir faire en fait. Il se traduit souvent par savoir.
  dürfen = avoir le droit, la permission.
- 2 couvrent le domaine du devoir :
  müssen = obligation que l'on a identifiée et acceptée, même en maugréant.
  sollen = obligation certes identifiée mais pas forcément acceptée, on n'y donnera pas nécessairement suite.
  Un exemple valant mieux que cent discours, les 2 phrases suivantes sont légèrement distinctes :

  1) Das Kind sagte zur Mutter: "Soll ich in die Schule?"
  2) Das Kind sagte zur Mutter: "Muss ich in die Schule?"

Dans l'exemple 1) l'enfant a parfaitement compris ce qu'on attend de lui, mais il n'est pas sûr qu'il obtempère : peut-être le fera-t-il, mais peut-être que si chemin faisant, autre chose capte son attention, il n'ira pas.
Dans l'exemple 2) l'enfant grince peut-être des dents, mais on sait qu'il n'a pas le choix et qu'il ira.
Pas besoin d'introduire dans la distinction entre *müssen* et *sollen* des impératifs théologiques ni moraux !

■ Un 7e verbe est souvent joint aux 6 modaux, car sa conjugaison est identique à celle de ses compères ; nous avons nommé ***wissen***, qui exprime un savoir cérébral et jamais un savoir faire :
ich weiß
du weißt
er weiß
wir wissen
ihr wisst
sie wissen
A leur différence, il ne demande pas l'infinitif : s'il est normal de traduire "Il sait nager" par *Er kann gut schwimmen*, en revanche on ne pourra dire, pour "Il sait bien compter", *Er weiß gut rechnen! Wissen* est donc un peu bossu, il fait partie des quasi-modaux en quelque sorte.
Par contre, il existe la construction :

> *Er weiß sich zu helfen.*
> Il sait se débrouiller.

On voit que *wissen* y perd son sens de savoir cérébral pour signifier "s'y entendre à".

■ Ces dernières années, nous assistons à une traduction de plus en plus fréquente de "devoir" par ***dürfen***. Ce n'est pas si surprenant. En effet, *dürfen* sert souvent à exprimer une interdiction quand il est associé à une négation :

> *Man darf hier nicht zu laut sprechen.*
> Il ne faut pas parler si fort ici.

C'est sans doute par assimiliation à ce *nicht dürfen* = "il ne faut pas" que nos apprenants en déduisent qu'en enlevant *nicht*, ils retomberont sur l'idée "Il faut".
Bien sûr, on peut aussi utiliser *nicht sollen* pour dire "Il ne faut / faudrait pas" :

Man sollte seinen Nächsten nicht vergessen.
Il ne faudrait / on ne devrait jamais oublier son prochain.

Quant au groupe *nicht müssen*, il n'exprime pas une obligation niée, mais il équivaut à *nicht brauchen* :

Du musst das Glas nicht austrinken.
Tu n'es pas obligé(e) de vider ton verre.

En aucun cas, *nicht müssen* ne peut servir à exprimer l'idée française "ne pas devoir" :

Tu ne dois pas fumer.
Du darfst nicht rauchen.

Car c'est en fait une interdiction et non une obligation niée !

TROUSSE DE SECOURS

Jamais de t : ***er kann / will / soll / mag / darf / muss / weiß***
Thème :
devoir = ***müssen / sollen***
ne pas devoir = ***nicht dürfen***
Version :
nicht müssen **= ne pas être obligé de**

Übung 53

Introduisez le modal qui convient à la forme voulue :

1. Ich .... im April nur wenig skifahren, ich .... meine Knie schonen (ménager).
2. Deine Schwester .... nicht immer auf anderer Leute Meinung hören.
3. Auf dem Schild steht "Parken verboten", also .... Sie hier nicht parken!
4. Jutta .... nicht ins Kino, sie hat zu schlechte Noten.
5. Wo .... du hin?
6. Ach Mutti, bitte, warum .... ich gerade jetzt Cello üben?
7. Der Bundeskanzler .... unbedingt vermeiden, dass seine Minister sich untereinander in der Öffentlichkeit streiten.

Übung 54

Conjuguez :

1. Guten Tag, ich .... diese Perlenkette kaufen (mögen : subj. 2).
2. Erst nach 2 Wochen .... sie wieder mit ihm reden (mögen : prétérit).
3. Tut mir leid, ich ... sie nicht kränken .... (wollen : parfait).

4. Tut mir leid, ich… es nicht.............. (können: parfait).
5. Ihr.............. nicht immer vor der Tür rumstehen! (dürfen: présent).
6. Der Tierarzt.............. dem armen Schaf nicht mehr helfen..............
(können: parfait).

MODALITÉ – MODALISATION

A côté de la modalisation (*tanzen dürfen, tanzen können, tanzen mögen*), les verbes de modalité s'inscrivent dans un autre système, exprimant le degré de probabilité, de véracité d'un énoncé. C'est ce "baromètre" de la probabilité qui est souvent méconnu alors que les Allemands en font grand usage. Ce n'est d'ailleurs pas si spécifiquement germanique qu'on le pense, comme l'illustre l'exemple suivant :

Suzanne doit être malade (pour n'être pas venue). D'évidence, la forme "doit" ne signifie pas que Suzanne est sous la contrainte d'être malade, qu'elle a l'obligation de tomber malade, mais au contraire que l'auteur de l'énoncé ressent un fort degré de probabilité de la maladie (à 90 % pratiquement, même si on ne peut quantifier mathématiquement des faits de langue). Il est donc logique qu'en allemand aussi, on dise :

Susanne muss krank sein.

D'où le baromètre des probabilités suivant :

90 %	*müssen:*	*Ich muss mich in der Straße geirrt haben.* Je dois m'être trompé de rue.
70 %	*dürfen:*	*Mit so guten Reifen dürfte eigentlich nichts passieren.* Avec d'aussi bons pneus, il ne devrait logiquement rien arriver de fâcheux

On notera que *dürfen* est au subjonctif 2 dans cet emploi.

60 %	*können*:	*Es kann durchaus sein, dass er eine Medaille gewinnt.* Il est tout à fait possible qu'il remporte une médaille. *Das könnte funktionieren.*

		Cela pourrait marcher. Indicatif ou subjonctif 2, les nuances ne sont pas décisives.
50 %	*mögen:*	*Er mag 50 sein.* Il peut, doit avoir dans les 50 ans. *Mag sein* = P'têt bien (à rapprocher de l'anglais *maybe,* puisqu'aussi bien *may* et *mögen* sont des verbes frères). Cet emploi de *mögen* est plus familier aux germanistes qu'ils n'en ont conscience : *möglich* = possible.
0 %	*wollen*:	*Was? Er will Informatiker sein, dabei weiß er nicht einmal, wie man einen Computer einschaltet!* Cette signification bien particulière du *will* apparaît dès qu'on tente de la traduire : Il veut être informaticien ne fait guère sens. Cette inadéquation entre la traduction standard du verbe de modalité et son sens de modalisateur est un signe pertinent.

Notez un emploi original de *wollen*: *wollen* + infinitif passé

Autofahren auf vereister Fahrbahn will gelernt sein.

Conduire sur chaussée verglacée mérite / nécessite un apprentissage.

Avec *sollen*, on sort carrément du baromètre : en effet, *Er soll reich sein* signifie : "Il paraît qu'il est riche / On le dit riche / La rumeur veut qu'il soit riche". En somme, le locuteur se dédouane, il se retranche derrière une source qui lui est extérieure, sans dire s'il croit ou non à l'affirmation, il se contente de la rapporter.

Die Steuern sollen jedes Jahr sinken.

Les impôts sont censés baisser chaque année

(il paraîtrait que les impôts baisseront chaque année).

Pour exprimer la conjoncture, l'Allemand recourt comme le Français du reste à une forme de futur / futur antérieur, d'où la présence de *werden* :

Nos amis auront été pris dans un embouteillage

Unsere Freunde werden im Stau stecken.

TROUSSE DE SECOURS

Sens particulier :
– *müssen / dürfen / können* = relative à forte certitude
mögen = demi-certitude, non avérée, 50 / 50
wollen = doute total sur l'affirmation
sollen = rumeur, on-dit
Version :
Dès que la traduction d'un modal aboutit à une absurdité ou une invraisemblance, c'est un signe quasi infaillible que ce modal exprime un degré de probabilité.

Übung 55

Quel verbe introduire ? (la nuance demandée est décrite entre parenthèses)

1. Es .... ca. halb 8 gewesen sein, als er den Schuss hörte (probable, possible).
2. Die Nachbarin.............. den Täter nicht nur gesehen, sondern auch erkannt haben (affirme, prétend à tort).
3. Unsere neue Deutschlehrerin .... 24 sein (vraisemblable, il s'en faudrait de beaucoup que je me trompe).
4. Da er zuviel getrunken hatte, geschah, was geschehen .... (inéluctable, inévitable).
5. Ich kenne den Stil dieses Schachspielers sehr gut: so einen Fehler .... er nicht gemacht haben (tout bonnement impossible, hautement improbable).
6. Für einen so starken Mann wie Arnold .... es nicht schwer sein, ein Klavier ins Wohnzimmer zu tragen (logiquement).

Übung 56

Transposez à l'aide d'un modal les énoncés en italiques (et transformez le cas échéant).

1. *In allen Zeitungen steht, dass* Anke der neue Star am deutschen Tennis-Himmel *ist*.
2. *Obwohl sie sehr weit weg gestanden hat, hat* sie die ganze Diskussion genau *gehört*?
3. Martina *ist* krank: *sonst hätte sie den Riesenslalom spielend gewonnen.*
4. Bei diesem Spiel muss man raten, wieviel dieser Videorecorder *wohl kostet*.

SAG NIEMALS NIE OU LES NÉGATIONS COMBINÉES

On peut gloser ad libitum sur la place de ***nicht***. Nous nous contentons de recettes empiriques :

- si NICHT nie toute une phrase, il se place en FIN ou juste AVANT le groupe verbal non-conjugué :

  Ich weiß es nicht.
  Je ne le sais pas.

  groupe verbal = wissen :

  Sie kann nicht länger warten.
  Elle ne peut pas attendre plus longtemps.

  groupe verbal = *länger warten können* ; c'est *länger warten* qui est non-conjugué (et donc en finale).

- si NICHT ne nie qu'un segment de phrase (un mot ou un groupe de mots), il se place juste AVANT le segment qu'il nie (dans ce cas il appelle souvent son corollaire SONDERN = mais encore, mais au contraire, mais plutôt) :

  Ich meinte nicht dich damit!
  (sous-entendu : sondern deinen Bruder, mais plutôt ton frère)
  Ce n'est pas toi que j'ai visé !

  Nicht Montag, sondern Dienstag hat er angerufen.
  Ce n'est pas lundi mais mardi qu'il a appelé.

- Rappelons aussi un marqueur de négation méconnu, e ***k : kein***... = pas de / aucun

  du / de la / des n'existant pas en allemand, c'est *kein* qui niera le partitif ou l'indéfini :

  Ich habe Geld ≠ Ich habe kein Geld.
  J'ai / Je n'ai pas d'argent.

  Sie hat eine schöne Frisur ≠ Sie hat keine schöne Frisur.
  Elle (n')a (pas) une belle coiffure.

- ***nicht ein***... s'emploie au sens de *pas un(e) seul(e)*. Dans ce cas, *ein / eine* sont souvent précisés et complétés par *einzig* :

  Er hat nicht ein Wort gesagt.
  Er hat nicht ein einziges Wort gesagt.

Bien entendu, *Er hat kein Wort gesagt* est correct, mais cette formulation insiste moins sur le mutisme évoqué.

- ***Nicht einmal*** = pas même, même pas :

  Er hat nicht einmal danke gesagt!
  Il n'a pas même / même pas dit merci !

Par opposition à *kein einziges mal* = pas une seule fois.

- Attention au réflexe francophone consistant à traiter des termes tels que *niemand / niemals / nie* comme leur équivalent français :

  Personne n'est venu (en effet, le mot "personne" ne contient pas de négation, la syntaxe palliera en français cette absence). *Niemand ist gekommen.* Et NON : Niemand ist nicht gekommen (en effet, *niemand* est la résultante de *nicht* + *jemand,* le *n* de négation prouve bien que ce terme est négatif en soi, pas besoin d'un *nicht* quelconque !).

  Ne dis jamais "jamais" !
  Sag niemals nie!

- Mais là où même les meilleurs de nos élèves ont du mal, c'est quand il faut gérer les négations complexes :

  • ne... plus que = ***nur noch***

  Ich trinke nur noch Ceylontee.
  Je ne bois plus que du thé de Ceylan.

  • ne... plus = ***nicht mehr / kein... mehr*** (cette négation s'oppose à *noch*)

  Das Kind mag nicht mehr spielen.
  L'enfant ne veut plus jouer.

  Ich habe keinen Hunger mehr.
  Je n'ai plus faim.

  • pas seulement = ***nicht nur***

  Nicht nur große Blonde mit schwarzen Schuhen sind tollpatschig.
  Les grands blonds avec des chaussures noires ne sont pas les seuls à être maladroits.

  • pas encore = ***noch nicht / noch kein...*** (fait pendant à *schon*)

  Ich habe mein Euroscheckheft noch nicht abgeholt.
  Je n'ai pas encore récupéré mon chéquier en euros.

- ni... ni = ***weder... noch***

  Weder er noch sein Teamkamerade konnten sich durchsetzen.
  Ni lui ni son camarade d'équipe ne purent s'imposer.

Übung 57

Introduisez la négation qui convient.

1. Ich / mein Bruder wird dir helfen können (pas… mais).
2. Er hatte .... einen einzigen Trumpf (= atout) (plus que).
3. .... sie ...... ihre Schwester wird mit ihm tanzen (ni… ni).
4. Vor dem Abflug wusste er ...., in welchem Hotel er übernachten würde (pas encore).
5. Den neuen Audi hat er .... gekauft, ... geleast (pas… mais).

Les ordinaux

Cela peut paraître surprenant mais on rencontre de plus en plus de germanistes chevronnés qui ont du mal à discriminer les numéraux des ordinaux. Beaucoup confondent en particulier *zwei* et *der / die / das zweite.*

■ Cela est en partie dû à la transcription très économique en allemand des ordinaux, en particulier dans les **dates.**

Ainsi, le 2 avril 1998 s'écrira, en correspondance commerciale par exemple :

Düsseldorf, den 2.4.1999

Or, en lecture orale, il FAUDRA lire "den *zweiten vierten neunzehnhundertneunundneunzig*"!
Un des signaux déclencheurs du *-ten* ou *-sten* est donc bêtement le point. Il convient d'être vigilant !

■ Les **fractions** sont dérivées de ces ordinaux à l'aide du suffixe *-el* :
ein Drittel Liter = 1 / 3 de litre (drei —⇒ *dritt* + *el* = *das Drittel*)
On remarquera que les fractions sont **neutres** :

Sie war um ein Tausendstel Sekunden schneller als ihre Rivalin.
Elle a été plus rapide d'un millième de seconde par rapport à sa concurrente.

Une "fraction" un peu particulière, le demi ou la moitié :

$\frac{1}{2}$ = *halb* mais on notera que le substantif se rapproche du demi anglais, à savoir *die Hälfte* (où apparaît un **f** au lieu du **b**.)
Rappel : quand il s'agit d'heure, la demie s'exprime certes à l'aide de "halb" mais il ne faut pas oublier que les Allemands ont une vision prospective du temps, qui va de l'avant : 2 h $\frac{1}{2}$ étant en fait la moitié de la 3e heure, on dira de façon très (chrono)logique : *es ist halb drei.*

- Les mêmes ordinaux servent aussi à exprimer les indications de type "à 2, à 3,..." = ***zu* + ordinal invariable.**
à deux = *zu zweit*
à trois = *zu dritt*

  Ce jeu peut se jouer à 10.
  Dieses Spiel kann man zu zehnt spielen.

  Pour dire "un sur 2", "2 sur 5", bref pour sélectionner un sous-ensemble dans un ensemble donné, l'allemand utilise une tournure avec un ordinal précédé de "*jeder / jede / jedes*":

  Jeder zweite Bayer ist mit seiner Landesregierung zufrieden.

  On ne peut d'évidence traduire littéralement cette expression ("chaque deuxième Bavarois ?!"), on obtient donc : Un Bavarois *sur deux* est satisfait / content de son gouvernement régional.

- Les ordinaux adverbialisés ont une utilité non négligeable dans la rédaction d'essais structurés : pour dire "premièrement, en premier lieu" voire "dans un premier temps" (qu'il faut à tout prix éviter de traduire littéralement, *in einer ersten Zeit* ne signifiant strictement rien pour un Allemand !), on recourra à :
erstens suivi du verbe conjugué
zweitens... drittens...
Ceci étant posé, il subsiste des différences dans l'emploi et le sens de ces indications apparemment précises et indiscutables car mathématiques. En effet, en français l'usage donne un sens spécifique à un numéral dans un énoncé comme :

  Hambourg est la deuxième ville d'Allemagne.

  Le francophone est tenté de dire : *Hamburg ist die zweite Stadt Deutschlands / zweite deutsche Stadt.*
  Or pour un locuteur allemand, cela reviendrait à dire que dans la chronologie de la démographie allemande, Hambourg aurait été la 2e

ville à avoir été fondée sur le sol de l'actuelle Allemagne. Pour rendre le même sens que le français, à savoir la 2e ville d'Allemagne *par la taille,* l'allemand le spécifie en formant des composés :

*Hamburg ist die zweit***größt***e Stadt Deutschlands (zweitgrößte deutsche Stadt).*

NB : on notera la présence du superlatif (cf. Chapitre superlatif).
Dans cette optique, pour Berlin, il faut dire :

Berlin ist die größte deutsche Stadt

(et NON *die erste,* car l'actuelle presque-pas-encore-tout-à-fait-capitale-à-part-entière n'est pas, et loin s'en faut, la plus ancienne ville allemande !).
Ce genre de composition permet des énoncés précis et nuancés :

Bayern ist das drittreichste Bundesland.
La Bavière est le 3e land fédéral par sa richesse.

Ich wohne nur in erstrangigen Hotels.
Je ne descends que dans des hôtels de tout premier ordre.

Er ist ein zweitklassiger Fußballspieler.
C'est un footballeur de seconde zone.

■ Un composé de ce style est particulièrement perfide : *der erstbeste* + NOM. Cuisiné avec rien que des bonnes choses (*der erste* = le premier et *der beste* = le meilleur), il signifie pourtant tout le contraire :

Sie redet nicht mit dem erstbesten Journalisten.
Elle ne parle pas avec le premier journaliste venu.

NB : ce genre de structure se retrouve également dans des expressions sans rapport avec les ordinaux (cf. Superlatif).

Das dürfte wohl die bestmögliche Lösung sein.
C'est sans doute la moins pire des solutions possibles.

Das war ihr nächstliegender Gedanke.
Ce fut la première pensée qui lui vint à l'esprit.

TROUSSE DE SECOURS

- ⇒ le premier = *der / die / das erste*
- ⇒ 2e à 19e = nombre + *te*
- ⇒ de 20 à 8 = nombre + *ste*
- ⇒ *das -tel* = fraction
- ⇒ *zu* ordinal + *t* = *à* + nombre
- ⇒ *erstens..., zweitens...*

Übung 58

Transcrivez en toutes lettres le passage en italiques :

1. Le *troisième* homme.
2. Nous sommes le *18* septembre.
3. Il est arrivé *43e*.
4. C'est la *deuxième* fois que ça t'arrive !
5. Le Danube est le *3e* fleuve sur le sol allemand.
6. Ils sont arrivés *à 7* dans la petite Smart.
7. Ce *quart*ier ne me dit rien qui vaille.
8. Un homme *sur 10* a besoin de la petite pilule bleue.

CIRCULEZ, Y A PAS "AVOIR" !

Allusion au fait que les verbes exprimant un changement de lieu en particulier s'emploient avec l'auxiliaire *sein* et NON *haben*, à la différence du français :

Er ist sehr schnell gelaufen.
Il a couru très vite.

Rappel : Les verbes intransitifs exprimant un changement d'état ou de lieu demandent "*sein*" :

Sie ist mit 36 Jahren gestorben.
Elle est morte à l'âge de 36 ans.

Wir sind nach Sardinien geflogen.
Nous avions pris l'avion pour la Sardaigne.

Jusqu'ici, tout va bien. Exception notoire = *bleiben* (*blieb, ist geblieben*) puisqu'il n'exprime NI changement de lieu Ni d'état.

Wegen der Kälte ist er in der Skihütte geblieben.
A cause du froid il est resté dans le chalet..

Tout se complique – un peu – sous l'effet de l'isomorphisme (qui n'est pas une maladie honteuse !) consistant à transposer directement une structure française en allemand.

Elle s'est dépêchée.
Sie hat sich beeilt.

(car les pronominaux et réfléchis se conjuguent avec *haben*)
Mais très logiquement :

Le garçon a eu peur du chien, alors il a couru.
Der Junge hatte Angst vor dem Hund, deswegen ist er gerannt / gelaufen.

TROUSSE DE SECOURS

⇒ *haben* avec *haben* et *80 %* des verbes
⇒ *sein* pour *sein / werden / bleiben*

Les verbes suivants se construisent aussi avec "*sein*" :

passieren:

wie ist denn das passiert?
Mais enfin, comment ça s'est passé ?

geschehen:

Was ist dann geschehen?
Qu'est-ce qui s'est passé ensuite ?

begegnen:

Sie ist ihm am Bahnhof begegnet
Elle l'a rencontré à la gare

■ Certains verbes changent avec la température : les verbes de position (*hängen / liegen / sitzen / stehen*).
Au nord, on emploie – fort logiquement – *haben*, au sud *sein* :

Er hat eine geschlagene Stunde an der Tür gestanden / Er ist... gestanden.
Il est resté près de la porte une bonne heure

Bilan : pour ces verbes où l'usage est fluctuant, la plus grande tolérance est de mise, comme le confirment d'ailleurs les grammaires allemandes. Inutile d'être donc plus germanique que les Germains et de décréter que seul *haben* doive être retenu.
fahren / fliegen (liste non exhaustive)
Ils prennent *haben* avec un COD :

Sie hat das Cabrio in die Garage gefahren.

MAIS :

Sie ist oft mit dem Coupé nach Zuffenhausen gefahren.

Les verbes de déplacement comme *schwimmen / segeln / reiten* (faire de la natation, de la voile, de l'équitation) prennent *sein* en toute logique ; mais quand on veut insister sur le fait qu'ils expriment une durée, on choisira *haben* :

Sandra Völker hat *den ganzen Nachmittag geschwommen.*
Sandra Völker a nagé toute l'après-midi.

Übung 59
Complétez par l'auxiliaire qui convient.

1. Dieses schöne Schloss .... einmal der Prinzessin von Thut-und-Taugtnix gehört.
2. Wo .... du denn die ganze Zeit gewesen?
3. Ich .... den Skoda in die Werkstatt gefahren.
4. Diese Dramatisierung der Lage .... der Krisenstab nicht erwartet.
5. Der Eisberg .... den Luxusliner gerammt.
6. Daraufhin .... das Passagierschiff in wenigen Stunden mit Maus und Mann gesunken.
7. Der alte Mann .... den Skatefahrer nicht kommen sehen.
8. Nach der Operation .... sich der Chirurg die Hände gewaschen.
9. Um wieviel Uhr .... ihr heute Morgen aufgestanden?
10. Der Pferdeflüsterer .... den ganzen Nachmittag auf dem schwarzen Pferd geritten.

Activez votre passif

La tournure passive a droit à un curieux mais symptomatique traitement de la part des élèves germanistes : leur inculque-t-on les mécanismes du passif qu'ils finissent par maîtriser celui-ci. Or, dès qu'ils parlent ou écrivent, ils semblent affectés d'une alzheimérisation sélective. Comment expliquer cette dérive ? Simplement par le fait qu'ils calquent l'allemand sur la structure française, à savoir qu'ils se contentent d'utiliser le verbe *sein* systématiquement :

Die Todesstrafe war von Badinter abgeschafft.

FORME CORRECTE : *wurde... abgeschafft.*

La peine de mort fut abolie par Badinter.

D'où notre conseil pragmatique :
DÈS que vous êtes tenté(e)s de dire ou d'écrire *ist / sind* associé à un participe 2 (participe dit "passé"), installez-vous une petite sonnerie d'alarme intérieure : *werden* conjugué ne serait-il pas plus adapté ?
Car, en effet, l'auxiliaire du passif est *werden* en allemand (qui permet d'éviter toute confusion fâcheuse avec un simple parfait). Pour le passif dit bilan (*Das Haus ist gebaut* = la maison est construite) qui se limite à un simple constat, nous renvoyons à votre grammaire favorite ; ce n'est de toute évidence pas lui qui crée des interférences, mais bien le réflexe consistant à décalquer l'emploi français du verbe "être" sur l'allemand. Quand nous parlons de passif dans la suite, nous entendons toujours un VRAI passif, une action processuelle, subie par un sujet, que celui-ci soit exprimé ou non d'ailleurs.

■ Le passif est bien plus employé en allemand qu'en français, en particulier dans la presse, car souvent on ne peut pas nommer l'auteur d'une action – parce qu'on l'ignore – ou on ne le veut pas – ce serait trop fastidieux ou cela est par trop évident :

Gestern wurde eine Bank ausgeraubt.

Hier une banque a été dévalisée (le ou les auteurs sont par définition inconnus !).

Heute wurden die Täter verhaftet.

Les malfaiteurs ont été appréhendés aujourd'hui (l'agent de l'action est justement l'agent de police !).

Pour ce qui est de la formation des temps de *werden*, nous ne saurions que trop recommander la consultation d'une grammaire (cet ouvrage ne se substituant pas à celle-ci, rappelons-le). Nous mentionnerons simplement que :
le participe 2 de *werden* dans les temps composés du passé au passif est *worden*.

Das Museum ist gestern eröffnet worden.

Le musée a été ouvert hier.

Le temps qui traditionnellement pose problème est le futur : en effet, on se souvient que le futur allemand se forme à l'aide de l'auxiliaire *werden* ; on voit aisément qu'il y a collision et souvent nos élèves perdent la bataille de *werden*. FUTUR du PASSIF = WIRD conjugué + participe + werden

Die Brücke über den Verdon wird erst in zwei Jahren gebaut werden.

Le pont franchissant le Verdon ne sera construit que dans deux ans.

Unsere Kinder werden als Europäer angesehen werden.

Nos enfants seront considérés comme (des) Européens.

La présence d'un verbe de modalité trouble souvent aussi, aucune raison pourtant : comme en français, les modaux ne sont pas affectés par le passif. Modal conjugué + participe 2 + werden infinitif :

Diese Tatsache darf nicht vergessen werden.

Ce fait ne doit pas être oublié.

De fait, dans beaucoup d'énoncés que sont amenés à produire nos étudiants, on a besoin de cette structure modal + passif :

Cet abus devrait être interdit.

Dieser Mißbrauch müßte verboten werden.

Le complément d'agent est introduit par *von* + *datif* (pour l'essentiel*) :

Die Wettervorhersage wird heute von Frau Sommer moderiert.

Le bulletin météo vous est présenté aujourd'hui par Madame Soleil.

* Là encore, des cuistres pourraient s'acharner à introduire ***durch*** + accusatif, ce qui peut être valable dans certains cas bien précis. Or, notre propos est de permettre de réaliser 95 % des passifs vraiment utiles.

- Comme en français, il n'est pas toujours nécessaire de le nommer :

Die Wettervorhersage wurde gestern originell präsentiert.

La météo a été présentée de façon originale hier.

- Le vrai danger qui menace nos apprenants germanistes est la contamination par l'anglais (cf. "La perfide Albion") : en effet, 2 fois sur 3, ils germanisent la préposition "*by*" qui, dans la langue de Conan Doyle, sert à introduire le complément d'agent et en font un "*bei*" germanique :

On lit souvent	Ce que veut dire la phrase	On aimerait lire plus souvent
Der Briefträger wurde immer wieder bei dem Hund gebissen	*Le facteur était sans arrêt mordu par le chien*	*Der Briefträger wurde immer wieder vom (von dem) Hund gebissen.*

■ Mais là où l'allemand fait vraiment preuve d'originalité, c'est que non seulement le complément d'agent peut être absent, mais aussi le sujet ; d'où des tournures intraduisibles telles quelles en français, sauf à recourir à la tournure active impersonnelle par *on* :

Hier ist vor einer halben Stunde geraucht worden.
Quelqu'un / on a fumé ici il y a une demi-heure .

(de toute évidence, ni *hier*, ni *vor einer halben Stunde* ne peuvent être analysés comme sujets !).
De fait, ce type de passif a souvent une valeur d'ordre :

Diese Arbeit wird sofort erledigt.
Ce travail doit être effectué de suite.

Jetzt wird aber aufgepasst!
Maintenant, vous avez intérêt à faire attention !

Précisons que ce type de passif ne peut être réalisé qu'avec des verbes exprimant une activité et avec des verbes à construction spéciale ; nous avons mentionné le fait dans le chapitre "Aide-toi" portant sur les verbes qui demandent un datif en allemand :

1) Ihm wurde zu seinem Erfolg gratuliert.

2) Es wurde ihm zu seinem Erfolg gratuliert.
On l'a félicité pour son succès.

Dans le 2e exemple ci-dessus, *es* n'est PAS un sujet, mais un explétif, dont la mission est d'occuper la première place (car le verbe conjugué ne peut être qu'en 2e position) et de permettre ainsi une mise en valeur d'autres éléments de la phrase.

TROUSSE DE SECOURS

⇒ Dans 8 cas sur 10, est / sont + participe 2 se rend par *wird / werden* + participe 2
⇒ participe 2 = *worden*
⇒ futur = *werden* conjugué + participe 2 (passé) + *werden* :
Das Haus *wird gebaut werden.*
⇒ modal = *modal inchangé + participe 2 + werden* :
Das Fax *muss* heute noch *geschickt werden.*
⇒ Dans 9 cas sur 10, le complément d'agent est introduit par *von*

Übung 60

Transformez au passif si possible.

1. Diese Teller kann man nicht in der Maschine spülen.
2. Sein erster Besitzer hat dieses Auto so gut wie nie benutzt.
3. In diesem Bereich des Restaurants darf man nicht rauchen.
4. Die Firma Mercedes übernimmt selbstverständlich die Kosten der Nachrüstung.
5. Die Nationalelf freut sich auf die Weltmeisterschaft.
6. Man verschwieg lange seine trübe Vergangenheit.

Übung 61

Traduisez (à l'aide d'une tournure passive si possible).

1. Jetzt wird endlich gearbeitet!
2. Ce problème est souvent occulté (= verschweigen, ie, ie).
3. Il a peur d'être mordu par un serpent venimeux (= giftig).
4. Quand la neige va-t-elle enfin être déblayée ? (= *weg*räumen).
5. Dieser Betrieb wird bestreikt.
6. Malgré le danger pour la santé, on continue de fumer.
7. Werbung für Zigaretten soll in der EU künftig untersagt werden.

LES PAYS NE SONT PAS DES ARTICLES

Une règle d'or à retenir : la plupart des noms désignant des pays et des régions sont employés sans article.

Ce qui ne veut pas dire qu'ils n'aient pas de genre : leur article n'apparaît guère que quand ils sont précédés d'un adjectif qui les qualifie. Ainsi, on passe de l'emploi normal, standard :

Frankreich ist ein schönes Land.

La France est un beau pays.

à un énoncé où l'adjectif "beau" précède le nom de notre pays :

Das schöne Frankreich (zieht viele Touristen aus aller Welt an).

La belle France (attire de nombreux touristes du monde entier).

1. Article et genre

- D'une manière générale, le genre des noms de pays / régions est neutre, sans doute à cause de *das Land* voire de *das Reich* (l'empire, le royaume, entrant dans la composition de *Frankreich, Österreich* par exemple). Mais cela vaut aussi pour les continents (alors que *der Kontinent* et *der Erdteil* sont masculins) : *Amerika, Afrika, Asien, Europa* pour rappeler les principaux. Précisons que même si l'on définit un sous-continent, on n'emploie toujours pas l'article : *Nordamerika* = l'Amérique du Nord

  Lateinamerika = l'Amérique Latine
  Südostasien = l'Asie du sud-est, le sud-est asiatique
  Evoquons le dernier-né : *Euroland*

  > *Das Amerika des neunzehnten Jahrhunderts.*
  > L'Amérique du dix-neuvième siècle.

  Comme dans toute règle qui se respecte, il y a des exceptions notoires. Nous ne citons que les principaux noms de pays qui ne peuvent s'employer sans leur article :

- Sont au **féminin** :
  die Schweiz (la Suisse)
  die Slowakei
  die Tschechei (Tchéchie[1]), forme répandue pour *Tschechien (*sans article, lui*)*
  Dans les textes plus anciens : *die Tschechoslowakei* = la Tchécoslovaquie.
  die Türkei (la Turquie)
  die Ukraine

- Sont au **masculin** :
  der Irak / der Iran / der Kongo / der Libanon

- N'est au **neutre** guère que :
  das Elsass (Elsaß)

---

[1]Que nos apprenants confondent avec la Tchétchénie, aucun rapport. Il est vrai qu'à tout prendre, la République Tchèque avec sa capitale, Prague, devrait être désignée sous l'appellation *die tschechische Republik*, mais pour les journalistes allemands, *Tschechien* ou encore *die Tschechei* semblent être plus évocatrices pour leurs lecteurs.

- Est au **pluriel** :
  die Niederlande

Souvent, nos élèves comptent au rang d'exceptions les sigles et abréviations, ce qui est une erreur de jugement, car en français aussi les USA et la RFA, pour ne citer qu'eux prennent de toute manière leur article !

- Les abréviations les plus utiles désignant noms de pays ou entités géo-économiques :
  die BRD = la R.F.A.
  Pour les textes évoquant la situation avant 1990 : *die DDR* = la R.D.A.
  die EU = l'U.E. (*die Europäische Union* = l'Union européenne)
  Dans les textes plus anciens : *die EG* = la C.E. (*Europäische Gemeinschaft* = Communauté européenne)
  die EWG = la C.E.E. (*Europäische Währungsgemeinschaft* = Communauté économique européenne)
  die GUS = la C.E.I. (*die Gemeinschaft Unabhängiger Staaten*, soit la Communauté des États indépendants)
  die NATO = l'OTAN
  die UNO = l'ONU
  Et enfin, toujours dans l'ordre alphabétique :
  die USA / die Vereinigten Staaten (von Amerika)

2. Les ressortissants et les adjectifs

Il peut être utile de savoir décliner sa nationalité sans se ravaler soi-même au rang d'objet : trop souvent, on entend nos germanistes francophones affirmer haut et clair : "*Ich bin französisch*". Cette confusion entre adjectif et nom d'habitant est très fréquente et due à la structure française (France – français – le Français). Or en allemand, l'adjectif est distinct du ressortissant et se termine toujours par *-sch* :

Frankreich donne *französisch, Irland irisch* ; originalité notoire : le seul adjectif ne se terminant pas par *-isch* est... celui dérivé de *Deutschland*, à savoir *deutsch*. Nous avons sélectionné quelques exemples représentatifs (pour un tableau complet, par ex. des pays de l'Union, nous vous renvoyons à une vraie grammaire).

Land / Region / Kontinent	Einwohner / In	Sprache / Adjektiv
Belgien	*der Belgier / die Belgierin*	*belgisch*
Dänemark	*der Däne / die Dänin*	*dänisch*
England[1]	*der Engländer / die Engländerin*	*englisch*
Europa	*der Europäer / die Europäerin*	*europäisch*
Finnland	*der Finne / die Finnin*	*finnisch*
Frankreich	*der Franzose / die Französin*	*französisch*
Griechenland	*der Grieche / die Griechin*	*griechisch*
Irland	*der Ire / die Irin*	*irisch*
Polen	*der Pole / die Polin*	*polnisch*
Portugal	*der Portugiese / die Portugiesin*	*portugiesisch*
Russland (Rußland)	*der Russe / die Russin*	*russisch*
Spanien	*der Spanier / die Spanierin*	*spanisch*

Le ressortissant de sa grâcieuse Majesté sera *der Brite / die Britin*. On notera l'orthographe de l'adjectif : *englisch*, de même que *irisch* et *britisch* ont sensiblement la même phonétique que leurs homologues de langue anglaise mais conservent leur *-isch*. Pas de *-sh* en allemand svp.

3. Les noms de pays, comment ça marche ?

Une chose est de connaître les règles susdites, une toute autre semble être de les appliquer en relation avec des prépositions de lieu (directif / locatif), en somme de savoir dire que l'on vit dans tel pays ou que l'on y va.

[1] Nous nous basons sur l'emploi vernaculaire assimilant *England* à *Großbritannien* et *Holland* à *die Niederlande*.

Règle d'usage :

Sens	Pays / région employé avec article (la marque de cas apparaît)	Sans article (mais le cas n'apparaît pas)
1. directif (on s'y rend)	*in + ACCUSATIF*	*nach + DATIF*
2. locatif (on y est)	*in + DATIF*	*in + DATIF*
3. provenance (on en vient)	*aus + DATIF*	*aus + DATIF*
4. cas particulier : îles	*auf + ACCUSATIF*	*nach + DATIF*

Illustration du mode de fonctionnement du tableau :
1. Im Sommer reisen sie:
in die Schweiz / in den Libanon / ins (= in das) Elsass / in die Niederlande / in die USA / nach Italien
2. Letzten Sommer waren sie:
in der Schweiz / im (= in dem) Libanon / im (in dem) Elsass / in den Niederlanden / in den USA / in Italien
3. Die Maschine, die gerade landet, kommt:
aus der Schweiz / aus dem Libanon / aus dem Elsass / aus den Niederlanden / aus den USA / aus Italien
4. *Auf Korsika* ist das Wetter schon im April angenehm / Immer mehr Touristen fahren im Frühling *nach Kreta*

TROUSSE DE SECOURS

Noms de pays / continents = employés sans article dans 90 % des situations
Exceptions notoires : féminin : *die Schweiz / die Türkei*
pluriel : *die Niederlande*
neutre : *das Elsass*
Abréviations / sigles = employés normalement avec article
die BRD

Pour dire : Il va à l'étranger, on se servira sans hésiter de *in*.
Er fährt für ein Jahr ins Ausland (en effet, das Ausland n'est PAS un nom de pays et conserve donc son article).

Übung 62

Cochez la case voulue.

Pays / continent	der	die	das	die pluriel	Ø
Frankreich					
Europa					
Österreich					
Niederlande					
Deutschland					
BRD					
Schweiz					
Schweden					
USA					
Nordamerika					

Übung 63

Complétez par la préposition voulue (en introduisant l'article si nécessaire au cas voulu).

1. Ich weiß noch nicht, ob ich diesen Sommer .... Finnland oder .... Großbritannien fahre.
2. Fast alle Touristen kaufen .... Schweiz Schokolade.
3. Die französischen Austauschschüler wären gern noch eine Woche länger .... Bundesrepublik geblieben.
4. Wenn man heute .... Spanien, ... Portugal oder .... Griechenland reist, braucht man als Eurobürger keinen Pass mehr.
5. .... Elsass gibt es nicht mehr soviele Menschen, die Deutsch sprechen.
6. Nur wenige Touristen werden in der nächsten Zeit .... Iran oder .... Irak ihre Ferien verbringen wollen.
7. .... Vereinigten Staaten finden bald Wahlen statt.
8. Die meisten importierten Computer kommen .... Japan oder .... Südkorea.
9. Obwohl es .... Irland oft regnet, sind die Einwohner sehr freundlich.
10. ... Korsika ist das Wetter schon im Frühling ziemlich angenehm.

Übung 64

Traduisez.

1. Les Suisses savent souvent (parler) le français, l'allemand et l'italien.
2. La Turquie voudrait faire partie de l'Union européenne.
3. Savez-vous dire cela en russe ou en espagnol ?
4. Le français est une langue musicale, dit-on.
5. Au Danemark comme en Suède, beaucoup de gens maîtrisent bien l'anglais.

POUR MIEUX DISTINGUER POUR, POUR, POUR ET POUR

Trop souvent, les élèves et étudiants sont à la recherche d'un mot unique, magique. C'est ce qui semble se passer pour *für* lorsqu'ils veulent exprimer l'idée de "pour" : or le *für* fait souvent un four.

L'apparente commodité de ce mot est trompeuse, tout simplement parce que, en français déjà, il faut distinguer les pour :

- pour cette raison ⇒ *aus diesem Grund*
  pour toutes ces raisons ⇒ *aus all diesen Gründen*
  pour les raisons suivantes ⇒ *aus folgenden Gründen*
  NB : on notera avec profit au passage que l'allemand se contente souvent d'un seul mot pour exprimer cette formule, à savoir *deshalb* (ou son acolyte *deswegen*) :

  C'est pour cette raison qu'il est venu.

  Deshalb ist er gekommen.

- **pour + verbe** : comme plus haut, mais les acteurs sont identiques ⇒ ***um... zu*** + infinitif

  Stefan jobbt, um sich einen neuen Computer zu kaufen.
  Stefan bosse pour se payer un nouvel ordinateur (c'est Stefanqui travaille et qui se paie l'ordi).

- **pour + verbe** dans une structure principale subordonnée : si le sujet (l'acteur) de la principale et de la subordonnée sont différents, l'allemand recourt à ***damit*** + verbe à l'indicatif (cf. tableau de conversion).

Il appelle son plombier pour qu'il vienne à l'heure.

Er ruft seinen Klempner an, damit er pünktlich kommt (c'est le sujet er qui appelle et le plombier qui viendra / viendrait éventuellement).

NB1 : le subjonctif français ("vienne") disparaît en allemand, un simple indicatif suffit.

NB2 : on peut utiliser *dieser* (*damit dieser pünktlich kommt*) pour dissiper toute équivoque quant à l'acteur du verbe *kommen* (dieser = celui-ci, ce dernier).

- **pour + nom / pronom ⇒ *für*** + accusatif.

Die Pralinen sind für dich.
Ces chocolats sont pour toi.

Sie hat die Reise für ihren Mann gebucht.
Elle a fait la réservation pour son mari.

- **Pour** (consécutive) dans des expressions du type :
trop... pour que / trop... pour infinitif ⇒ *zu... als daß* (*zu... als dass*)

Er läuft zu schnell, als dass ich ihn einholen könnte.
Il court trop vite pour que je puisse le rattraper.

- Idioms

Ich für mein Teil...
Pour ma part...

Ich persönlich...
Moi je...

Zum ersten Mal
Pour la première fois

momentan / fürs Nächste
pour le moment, provisoirement

TROUSSE DE SECOURS

pour cette raison = *aus* diesem Grund
= *um... zu* + infinitif (si acteurs identiques)
pour + verbe = *damit* + *indicatif* (si acteurs différents)
pour + nom / pronom = *für* + accusatif
idioms

Remarque 1 :

La place de *zu* dans la structure *um... zu* INF, déroute apparemment certains élèves :

– il se place AVANT le verbe d'une manière générale :

Er liest Zeitung, um informiert zu sein.

– il s'intercale entre la particule accentuée séparable et le verbe proprement dit :

Dieser Sportler ist zu individualistisch, um mit anderen zusammenzuarbeiten.

Remarque 2 :

Il semblerait qu'à force de marteler la structure *um... zu* + infinitif, les élèves en soient tellement traumatisés qu'ils l'emploient systématiquement, même là où un simple *zu* + infinitif suffirait (équivalent à un "à" ou "de" + infinitif en français).

On lit souvent	l'élève voulait dire	on aimerait lire / entendre
Er bittet mich, um ihm zu helfen	*Il me prie / demande de l'aider*	*Er bittet mich, ihm zu helfen*

Übung 65

Traduisez.

1. La petite fille avait grand peur d'avouer sa faute (vous emploierez le verbe *zu*geben).
2. Ma voisine est allée à Paris pour voir la Tour Eiffel.
3. De nombreux travailleurs ont été licenciés pour raisons économiques.
4. Il parle assez fort pour que tout le monde l'écoute.
5. La barque est trop petite pour que nous puissions tous y tenir.
6. Pour la première fois, les deux hommes se sont tendus la main.

IL NE PAS S'EN FAIRE OU VERBES RÉFLÉCHIS OU PRONOMINAUX

Nos apprenants sont bien souvent piégés par le réflexe de traduction mentale qui les amène à employer un "*sich*" avec un verbe qui en fait n'en exige pas en allemand (en anglais non plus d'ailleurs, personne ne *walk himself* pour prendre l'exemple bien connu du "*se* promener".

Cas le plus fréquent : le verbe est réfléchi / pronominal *en français* MAIS PAS en allemand (ordre alphabétique des verbes français).	
s'abonner à un journal	*eine Zeitung abonnieren*
s'achever, se terminer	*zu Ende gehen / aufhören*
s'appeler	*heißen*
s'arrêter	*stehenbleiben / stoppen*
se battre (contre / pour)	*kämpfen (gegen / für)*
se coucher	*ins Bett gehen (mais on trouve aussi : sich schlafen legen)*
s'entraîner	*trainieren*
s'exercer	*üben*
se lever	*aufstehen*
se marier avec qn (épouser)	*jemanden heiraten*
se méfier de	*misstrauen (var. : mißtrauen ; jemandem misstrauen)*
se passer	*passieren*
se produire	*geschehen (ie, a, e) (mais : sich ereignen)*
se promener	*spazierengehen*
se réveiller	*aufwachen*
se suicider	*Selbstmord begehen (i, a)*
se taire	*schweigen (ie, ie)*

Cas où inversement l'allemand emploie un réfléchi / pronom. alors que le français non		
arriver en retard	*sich verspäten*	*Entschuldigen Sie bitte, dass ich mich verspätet habe!*
avoir peur	*sich fürchten*	*Warum fürchtest du dich vor dem Hund?*
bouger, remuer	*sich bewegen*	*Die Katze bewegte sich sehr leise, seit sie die Maus gesehen hatte.*
changer	*sich ändern* *sich verändern*	*Die Lage hat sich in den letzten Jahren stark geändert.*
divorcer	*sich scheiden lassen*	*Immer mehr Paare lassen sich heutzutage scheiden.*
postuler, être candidat	*sich bewerben um AKK*	*Sie bewarb sich um den Posten als Abteilungsleiterin.*
tomber amoureux	*sich verlieben in AKK*	

Übung 66

sich *ou pas* sich*? Complétez si nécessaire (Ø peut donc être une réponse).*

1. Die meisten Deutschen haben .... eine Tageszeitung abonniert.
2. Wie heißt .... denn unser neue Chef?
3. Um wieviel Uhr bist du .... gestern abend ins Bett gegangen?
4. Galileo Galilei sagte nach seinem Prozess: "Und sie bewegt .... doch !"
5. Ich bin .... heute sehr früh aufgestanden.
6. Der Fußballspieler schämt ...., daß er den Elfmeter (= pénalty) verschossen hat.
7. Es haben .... zahlreiche Kandidaten auf unsere Annonce beworben.
8. Die junge Schwimmerin trainiert .... schon für die Olympiade in Athen.
9. Nach einer Stunde hat .... der Regen aufgehört.
10. Nach ihrer Arbeit geht sie .... gern in der Innenstadt spazieren.

Übung 67

Traduisez :

1. En deux ans, son caractère a bien changé !
2. Que s'est-il donc passé ?

3. Elle s'est mariée avec un végétarien.
4. Je me méfie de quelqu'un qui tombe amoureux d'une belle plante.
5. Les femmes se battent pour l'égalité des chances

Quand les verbes se mettent au régime

Vous êtes nombreux à le déplorer : les verbes allemands sont dotés d'une rection, c'est-à-dire qu'ils exigent une préposition suivie de surcroît d'un cas. Un exemple parlant entre tous : *warten* = attendre. Il demande *auf* + accusatif :

Elle attend son mari.
Sie wartet auf ihren Mann.

L'accusatif doit être appris, car l'énoncé *Sie wartet auf ihrem Mann* a certes un sens précis à notre époque viagresque, mais cet ouvrage s'adresse à tous publics...

Nous avons choisi de vous rappeler les principaux, ceux sur lesquels n'importe quel enseignant, aussi indulgent et bienveillant fût-il, ne saurait transiger. Il existe des listes complètes et très bien faites dans toute grammaire.

Rappel des désinences : *accusatif = n pour les masculins (féminin / neutre / pluriel = aucun changement par rapport à l'article nominatif).*

datif = m pour les masculins / neutres / r pour les féminins / n pour les pluriels.

an + ACC	
denken (dachte, gedacht)	*penser*
sich erinnern	*se souvenir*
sich gewöhnen	*s'habituer*
an + DAT	
arbeiten	*travailler à, sur*

teilnehmen (i, a, o)	*prendre part, participer*
auf + ACC	
antworten	*répondre*
aufpassen	*faire attention à*
sich freuen	*se réjouir (événement à venir, futur) cf. plus bas sich freuen + über ACC*
reagieren	*réagir à*
verzichten	*renoncer à*
warten	*attendre*
zählen	*compter sur*
auf + DAT	
bestehen (a, a)	insister, se prévaloir de : *Ich bestehe auf meinem Recht!* J'exige que mes droits soient respectés !
aus + DAT	
bestehen (a, a)	se composer de
für + ACC	
danken	remercier de, pour
sich interessieren	s'intéresser à MAIS : *ich bin interessiert an + DAT* quand c'est l'adjectif dérivé du participe 2.
mit + DAT	
anfangen (ä, i, a)	commencer par
aufhören	cesser, arrêter de (avec un infinitif substantivé : mit dem Rauchen *aufhören* = cesser de fumer) ; finir
vergleichen (i, i)	comparer à, avec
nach + DAT	
fragen	s'informer, s'enquérir demander l'heure = *nach der Uhrzeit fragen.*
über + ACC	
sich ärgern	se fâcher au sujet de
diskutieren	discuter de
sich freuen	se réjouir de (événement présent)
nachdenken	réfléchir à

sprechen (i, a, o)	*parler de*
verfügen	*disposer de*
um + ACC	
bitten (i, a, e)	*demander qqch / demander (à qn), prier (qn) de infinitif*
sich kümmern um	*s'occuper de*
vor + DAT	
Angst haben / sich fürchten	*avoir peur de*
warnen	*avertir de, mettre en garde contre*
zu + DAT	
zwingen (a, u)	*contraindre, forcer à*

Une lecture comparative des dictionnaires allemands de ces dernières décennies permet d'établir que ces constructions posent aussi problème aux Allemands eux-mêmes : on constate en effet une multiplication de verbes rendus transitifs notamment dans le répertoire des verbes commençant par *be-* C'est là une manière subtile de tourner cette difficulté. Certes, le verbe résultant de cette manipulation n'est pas toujours complètement équivalent au verbe à rection dont il est issu, mais la recrudescence de ces transitifs forcés est sufisamment significative pour qu'on l'évoque ici.

- Ce glissement touche aussi des verbes à construction un peu difficile, comme ceux évoqués au chapitre "Aide-toi" (les verbes demandent le datif en allemand alors qu'ils sont transitifs en français). ***drohen*** + datif est représentatif à ce titre :

  Der Staatschef drohte der Richterin mit einer Ausweisung.
  Le chef d'état menaça la juge d'expulsion.

- On trouve ainsi ***bedrohen*** (suivi donc d'un simple accusatif) :

  Sie entgegnete, dass noch niemand sie auf so grobe Weise bedroht hatte.
  Elle répliqua que personne ne l'avait jamais menacée d'une façon si grossière.

- ***folgen*** subit le même sort :

  Der Beamte sagte zum Fluggast: "Folgen Sie mir bitte!"
  Le fonctionnaire dit au passager : "Veuillez me suivre, svp !"

- Le verbe transitif obtenu, à savoir ***befolgen*** + accusatif n'a pas tout à fait le même sens que *folgen*, mais au niveau de la traduction en français, il y a équivalence :

  Mit großer Gefügigkeit befolgte sie den Rat ihres Arztes.
  C'est avec une grande docilité qu'elle suiv(a)it le conseil de son médecin.

  Commentaire : effectivement, le 1er verbe signifie emboîter le pas à quelqu'un, tandis que le 2e signifie observer, obéir ; quand on les traduit en revanche, on tombe deux fois sur "suivre".

- Parfois, cette transitivisation est nécessaire. C'est le cas pour ***lügen*** *(o, o)* qui signifie mentir mais est au départ un verbe intransitif :

  Er lügt wie gedruckt.
  Il ment comme un arracheur de dents (littéral. : comme s'il lisait un texte imprimé).

- En revanche, si on veut dire mentir à quelqu'un (on notera qu'il s'agit d'un complément d'objet second en français et non d'un COD), il faut employer en allemand ***belügen*** ou ***an*****lügen** :

  On nous a menti.
  Man hat uns belogen.

  Le ministre a menti au juge.
  Der Minister hat den Richter angelogen.

Verbes intransitifs ou prépositionnels

Verbe	Sens / emploi	Forme transitive	Sens / emploi
heizen	chauffer *Unser neuer Ölofen heizt gut : notre nouveau poële à mazout chauffe bien*	*beheizen*	chauffer (qqch) *Der Eigentümer beheizt alle seine Wohnungen mit Gas : le propriétaire chauffe tous ses appartements au gaz*
fahren (auf Datif)	conduire, rouler *Auf der Autobahn fährt man sicherer : on conduit avec plus de sécurité sur autoroute*	*befahren*	emprunter, fréquenter *Seit die Autobahn erneuert wurde, befahren zahlreiche Autofahrer die Strecke Berlin-Hamburg : depuis que le tronçon Berlin-Hambourg a été rénové, de nombreux automobilistes l'empruntent.*

streiken	*faire (la) grève*	*bestreiken*	*frapper, paralyser d'un grève : Die aufgebrachten Arbeiter betreiken den Betrieb. :* Les ouvriers en colère paralysent l'entreprise en se mettant en grève.
spielen	*jouer*	*bespielen*	enregistrer *Ich möchte diesen Song auf einer CD bespielen. :* je voudrais enregistrer cette chanson sur un CD.

Verbes à régime prépositionnel pouvant être rendus transitifs

Verbe à rection	Sens	Verbe transitif	Sens
achten auf + ACC	faire attention à	*beachten*	respecter
antworten + auf ACC	répondre à	*beantworten*	répondre à
eintreten in + ACC	entrer dans	*betreten*	pénétrer dans
(sich) fürchten vor + DAT	avoir peur de	*befürchten*	redouter
herrschen + über ACC	régner sur (pays par ex.)	*beherrschen*	maîtriser (langue, sport)
kämpfen + für / gegen ACC	lutter pour / contre	*bekämpfen*	s'opposer à, combattre
schimpfen auf / gegen ACC	gronder	*beschimpfen*	injurier
sprechen über + ACC	parler de	*besprechen*	discuter, débattre de
steigen in / auf + ACC	monter dans / sur	*besteigen*	escalader, gravir
streiten mit + DAT	se disputer avec	*bestreiten*	contester
urteilen über + ACC	juger de qqch	*beurteilen*	porter un jugement
wachen über + ACC	veiller sur	*bewachen*	surveiller
wirken auf + ACC	agir, avoir un effet sur	*bewirken*	occasionner, provoquer

wohnen in + DAT	*habiter dans*	*bewohnen*	*habiter, occuper*[1]
zweifeln an + DAT	*douter de*	*bezweifeln*	*mettre en doute*

Übung 68

Complétez par la construction appropriée.

1. Andreas wartete geduldig .... sein... klein... Bruder.
2. Der Nobelpreisträger arbeitet zur Zeit ... ein... neuen Medikament (das Medikament).
3. Nur die allerwenigsten Menschen könnten lange Zeit .... ihr... Fernseher verzichten.
4. Dieser Text besteht.............. drei sehr lang... Absätzen.
5. Niemand weiß so genau, wo... der Junge sich interessiert.
6. Der Film endet... ein... etwas kitschigen Szene.
7. Man kann das deutsche Steuersystem schwer... d... französischen vergleichen.
8. Die Studenten denken viel ... ihr... Zukunft ... (1° : complétez le verbe 2° : die Zukunft).
9. Jamaika verfügt nicht .... viel Gebirge.
10. Dürfte ich Sie .... ein... großen Gefallen bitten? (der Gefallen = le service).

Übung 69

La transformation en verbe transitif est-elle possible ? Si oui, quelles en sont les conséquences sur le sens du verbe transformé et utilisez-le dans une courte phrase.

1. Dieses neuartige Schmerzmittel wirkt auch bei Tieren (das Schmerzmittel = l'analgésique).
2. Er trat mit Herzklopfen in den Prüfungsraum ein.
3. Sie streitet (sich) gern mit ihrem Mann über die Ferien.
4. Die Schäferhündin wacht aufmerksam über ihre 6 Welpen (der Welpe = chiot).
5. In Südafrika fährt man links.
6. Die Römer fürchten sich vor einem Überfall der Gallier (der Gallier = le gaulois).

[1] *Der Obdachlose bewohnte eine armselige Hütte* le sans-abri habitait une masure miséreuse

SITZEN EST TRÈS SEYANT ODER SITZEN MUSS SITZEN

Tous nos collègues en ont fait l'expérience ou peuvent la faire quasi quotidiennement : nos élèves, même les meilleurs ont du mal à dire "être assis". Que ceux qui disent obtenir 100 % de bonnes réponses chez leurs étudiants nous écrivent, ils auront droit à un mémorial en carton mâché au walhalla des germanistes. Les verbes de position allemands souffrent particulièrement du réflexe de traduction mentale : il est assis = *er sitzt* (et NON er ist gesessen, er ist gesetzt et autres variantes inventives).

Rappelons donc les verbes de position fondamentaux :

- Ils sont forts :
  *hängen, er hängt, er hing, er hat gehangen / er ist gehangen.** (au sens de "être accroché, suspendu).
  liegen, er liegt, er lag, er hat gelegen / er ist gelegen.
  sitzen, er sitzt, er saß, er hat gesessen / er ist gesessen.
  stehen, er steht, er stand, er hat gestanden / er ist gestanden.

*Nous n'entrerons pas dans la polémique oiseuse Nord-Sud opposant les Allemands et les puristes quant au parfait de ces verbes, nous rappellerons les faits :

• en bonne logique, les "Nordistes" emploient les verbes de position avec l'auxiliaire *haben* (puisqu'il n'y a pas de changement de lieu) ; un Hambourgeois dira donc :

*Er **hat** an der Ecke gestanden.*
Il était debout au coin.

• Les "Siciliens" de la germanité (Bavarois, Souabes, Suisses et autres Autrichiens) ont opté pour l'emploi de *sein :*

*Er **ist** an der Theke gestanden.*
Il était debout près du comptoir.

Les uns étant aussi nombreux – et têtus – que les autres, un point partout et balle au centre !
Nous donnerons simplement à méditer cette phrase empruntée à un nôtre enseignant, linguiste émérite de l'université de Paris-X :

Er sitzt, obwohl er gestanden hat.

Il est au frais bien qu'il ait avoué (sens particulier de *sitzen* = être en prison + *gestehen, gestand, hat gestanden* = avouer).

■ UNE SEULE FORME verbale allemande suffit à rendre l'énoncé français comportant 2 éléments :

Elle est sagement assise sur sa chaise. (2 éléments pour décrire la position).

Sie sitzt brav auf ihrem Stuhl. (1 seul élément).

En d'autres termes, la forme française "elle est assise" ne s'analyse PAS comme étant le passé-composé du verbe fictif assire !! Or, telle est bien la faute commune dont ne sont pas exempts même des aspirants HECistes.

■ Mais tout n'est pas encore gagné ; les verbes de position ont des alter ego qui leur ressemblent mais expriment le mouvement. Nous avons nommé *hängen, legen, setzen* (la plupart du temps pronominal avec *sich* il est vrai) et *stellen.*

Ces verbes sont, eux, faibles :

Er hängte seine Jacke an den Kleiderhaken.

Il accrocha son veston à la patère.

Sie legt die Karten auf den Tisch.

Elle pose les cartes sur la table.

Warum setzt du dich nicht?

Pourquoi ne t'assois-tu pas ?

Der Wirt stellte die Flasche Riesling auf die Theke.

L'aubergiste posa la bouteille de Riesling sur le comptoir.

N.B. : On remarquera que les verbes de position qui expriment une attitude plutôt passive, "faible" ont au contraire une conjugaison forte et que les verbes de mouvement qui expriment une action, plutôt forte, ont une conjugaison faible. Nous retrouvons cette constante dans un certain nombre de verbes allemands forts ayant donné naissance à des "doublons" faibles et répondant grosso modo à ce schéma (cf. doublons).

Übung 70

Insérez sitzen *ou* setzen *à la forme voulue (P = présent / PT = prétérit, PF = parfait).*

1. Die Zuschauer .... auf etwas zu engen Sitzen. (P)
2. Die Mutter .... ihre 2jährige Tochter in den Schalensitz des Volvos. (PT)
3. Könntest du aufstehen? Du .... nämlich auf meinem Hut! (P)
4. Während des ganzen Films .... er ruhig. (PF)
5. Der Trainer fragte seine Spieler: "............... ihr bequem?" (P)

TROUSSE DE SECOURS

⇒ Verbes de position : sens "passif", faible – conjug. forte :
hängen = hing
liegen = lag
sitzen = saß
stehen = stand
⇒ Verbes de mouvement : sens actif, fort – conjug. faible :
hängen = hängte
telegen = legte
setzen = setzte
stellen = stellte

Übung 71

Traduisez.

1. Le chat reste assis patiemment devant le trou.
2. Il vaut mieux asseoir son enfant dans un siège adapté (geeignet).
3. Pose ta calculette sur la table !
4. Les chips sont (posées) sur l'herbe.

LE SUPERLATIF

Encore appelé Degré 2 de l'adjectif / adverbe, il s'obtient en ajoutant *-st* à l'adjectif (et la désinence), il se forme avec *am* + adverbe + *-sten* :

Cette photo est la plus belle de tout le volume.
Dieses Foto ist das schönste des ganzen Bands. (formation : schön + -st)

De toutes les cyclistes Longo a roulé le plus vite.
Von allen Radfahrerinnen fuhr Longo am schnellsten. (formation : schnell adverbial : am + -sten)

■ Ceux qui prennent l'**Umlaut** sont les mêmes qu'au comparatif : on se reportera utilement au chapitre "Comparatif", car les formes irrégulières se retrouvent dans les deux formes de gradation de l'adjectif / adverbe.

Ainsi, par exemple :

Degré 0	Degré 2 adjectif	degré 2 adverbe
alt	*der älteste*	*am ältesten*
jung	*der jüngste*	*am jüngsten*
lang	*der längste*	*am längsten*

Die Korsör-Brücke ist die längste Europas.
Le pont Korsör est le plus long d'Europe.

■ Une structure induite par le superlatif de l'adjectif est souvent méconnue : quand le groupe superlatif est antécédent d'une relative, l'Allemand recourt au petit mot ***je*** pour rendre l'idée de jamais. Il peut s'agir d'un groupe nominal (déterminant + adjectif + nom) ou d'un superlatif substantivé :

Das ist der tollste Film, den ich je gesehen habe!
C'est le film le plus formidable que j'aie jamais vu !

Das ist wohl das Dümmste, was ich je gehört habe!
C'est sans doute la chose la plus stupide que j'aie jamais entendue !

On notera que ce *je* est un jamais positif (en effet, on a bien vu le film), les germanistes connaissent en fait surtout la forme négative de *je :* en effet, *nie* est le résultat de la contraction *nicht + je*.

■ Le superlatif absolu exprime un degré très élevé, il est très usité pour les adjectifs / adverbes suivants :

frühestens (frühstens en version oralisée) = au plus tôt
höchstens = au plus / au grand maxi(mum)

Dieser Delphin ist höchstens 2 Jahre alt.
Ce dauphin est âgé de 2 ans au plus.

meistens = le plus souvent / la plupart du temps
spätestens = au plus tard
wenigstens = au moins / au minimum

Du könntest wenigstens Danke sagen!!
Tu pourrais au moins dire merci !!

Superlatifs irréguliers les plus utiles :

Adjectif / adverbe au degré 0	Superlatif (adjectif / emploi adverbial)
gern	*am liebsten*
gut	*der beste / am besten*
hoch	*der höchste / am höchsten*
nah	*der nächste / am nächsten*
viel / sehr	*die meisten / am meisten*

- Dans le même ordre d'idée, certains superlatifs adjectivaux / adverbiaux semblent avoir acquis une vie lexicale autonome, au point qu'on en arrive à oublier leur provenance superlative :

äußerst = extrêmement / au plus haut point
demnächst = prochainement
herzlichst = chaleureusement / cordialement (correspondance)
höchst = au plus haut point (souvent associé à un autre terme)

Diese Angelegenheit ist mir höchstpeinlich.
cette affaire m'est extrêmement pénible.

jüngst = récent

Nach den jüngsten Untersuchungen der Bundesanstalt für Arbeit..
D'après les récentes analyses de l'Institut Fédéral du Travail...

längst = depuis longtemps

Das weiß ich doch längst alles.
Mais je sais tout ça depuis fort longtemps.

möglichst = le plus... possible

Schreibe möglichst lesbar!
Ecris le plus lisiblement possible !

zumindest = à tout le moins / au moins

- Les Allemands (journalistes en particulier) sont très friands d'un nouveau type d'adjectifs / adverbes surcomposés, souvent à base participiale (cf. le chapitre "Ordinaux") :

Das war der nächstliegende Gedanke.
Ce fut la première idée qui lui traversa l'esprit.

Mais on trouve encore :

zum bestmöglichen Termin

dans les délais les meilleurs (entendez : les plus brefs) possibles.

das erstbeste Hotel

le premier hôtel venu (ni le premier ni le meilleur, vicieux n'est-il pas ?)

der drittgrößte Chemiekonzern

la 3e multinationale de la chimie

der größtmögliche Unfall

la catastrophe majeure

à rapprocher de l'abréviation *der **g**rößte **A**nzunehmende **U**nfall,* soit *GAU,* très répandue depuis Tchernobyl.

Übung 72

Traduisez.

Aus der jüngsten Analyse des Instituts für Neue Medien geht hervor, dass die meisten Deutschen mindestens eine Tageszeitung abonniert haben.

Übung 73

Mettez au superlatif : les désinences sont données s'il s'agit d'un adjectif. Quand il s'agit d'un emploi adverbial, nous l'avons signalé par ADV.

1. Das ist bestimmt der (kalte) .... Winter seit langem.
2. Der finnische Formel-1-Fahrer ist der (ruhige) .... Mensch, den man im Motorsport je erlebt hat.
3. Sie war die Tänzerin mit der (unmöglichen) .... Frisur.
4. Mozart war mit Sicherheit das (begabte) .... Musikgenie seiner Generation (begabt = doué).
5. Diese Fernsehsendung fanden zahlreiche Zuschauer (langweilig ADV) ....
6. Dieser Imitator macht die Stimme des Bundeskanzlers (gut ADV) .... nach.
7. In diesem On-line-Katalog haben Sie die (großmögliche) .... Auswahl.
8. Dieser Basketballspieler gehört zu den (gutbezahlten) .... seines Clubs.
9. Beim (nahen) .... Mann wird alles anders, lautet der Titel eines deutschen Bestsellers der 80er.
10. Am Nordpol ist das Ozonloch (weit ADV) ....

Übung 74

Mettez au superlatif :

1. Der GAU von Tschernobyl war der (schwer) .... Störfall der Atomgeschichte.
2. Die Waren können (früh) .... in 2 Wochen geliefert werden.
3. Grüßen Sie Steffi (herzlich) .... von mir!
4. Die BILD-Zeitung ist die (vielgelesen) .... deutsche Tageszeitung.
5. Ich bin gleich fertig, ich brauche (hoch) .... noch 5 Minuten!
6. Jeder ist sich selbst (nah) .... (traduisez par un adjectif substantivé masculin).
7. Schokopudding mag ich (gern) ....

Übung 75

Portez au degré 2 : s'il s'agit d'un adjectif, n'oubliez ni l'article ni la désinence, s'il s'agit d'un adverbe, choisissez entre am + -sten *et* -stens.

1. Von allen Geschenken hat mich das meines Bruders.............. erfreut! (mehr).
2. Der Sieg der Nationalelf war.............. Tag der Grande Nation (groß).
3. .... Mitte April läuft die Produktion wieder an (spät).
4. .... Bauer findet immer.............. Kartoffeln (dumm / dick).

GARE AUX TOUT-TOUS !

■ Nous faisons allusion à une confusion fréquente, pour ne pas dire systématique entre *alle* et *alles*. En effet, le *-s* final de ***alles*** (qui signifie tout) est assimilé par les francophones à une marque de pluriel alors que c'est un neutre, le *-s* lui venant de l'article da*s*.

L'inverse se produit pour ***alle*** = toutes / tous. Le *-e* final semble évoquer quelque chose de féminin en français, alors qu'il vient du déterminant pluriel di*e*.
Il est d'ailleurs utilisé aussi pour exprimer une fréquence :
tous les 3 mois = *alle 3 Monate.*
ganz = tout entier

die ganze Familie / Gesellschaft = toute la famille / la société toute entière

- Une faute typique en thème (ou en expression écrite, puisqu'aussi bien nos élèves la plupart du temps ont le réflexe de traduire mentalement) concerne les expressions où "tout / tous" signifie en fait "chaque" :
  tous les jours = *jeden Tag* (et NON alle Tage).
- Quand il est partie constitutive d'une négation (pas du tout au sens de absolument aucun / e), tout ne se traduit par aucun des termes proposés : *überhaupt nicht*

  Es besteht überhaupt kein Grund zur Unruhe.
  Il n'y a pas tout de raison de s'inquiéter !

Übung 76
Traduisez.

1. Tu n'as pas tout mangé.
2. Je n'avais pas faim du tout !
3. Tous les élèves n'ont pas tout saisi (begreifen, i, i).
4. Il a plu tout l'été.
5. Elle m'a parlé tout le temps.
6. Les Japonaises gagné presque toutes leurs parties (das Spiel).

N'ENVOYEZ PAS TROP BALADER LA VIRGULE

TROUSSE DE SECOURS

Notre conseil : installez-vous une sorte d'alarme automatique : DES QUE vous êtes tenté(e) de placer une virgule, mettez donc le verbe en 2e place.

Au risque de passer pour des prédateurs de virgule ou des traqueurs de ces sympathiques vermicelles typographiques, nous insistons sur un réflexe isomorphiste fréquent consistant à placer dans un texte rédigé en allemand les virgules au même endroit qu'en français. Or il ne s'agit pas (que) d'esthétique.

En effet, 4 fois sur 3, une virgule calquée induit une erreur de syntaxe en allemand (c'est-à-dire que le verbe conjugué ne se retrouve pas dans la 2e position qui lui est pourtant naturelle). Ces quelques exemples valent mieux qu'un long discours :

Faute typique	Forme correcte
A titre d'exemple, je peux nommer / citer... *Zum Beispiel, ich kann... nennen*	*Zum Beispiel* ***kann ich****... nennen*
Au début, c'était facile. *Am Anfang, es war leicht.*	*Am Anfang* ***war es*** *leicht*
De nos jours, il y a de plus en plus de cas analogues. *Heutzutage, es gibt immer mehr solche Fälle*	*Heutzutage* ***gibt es*** *immer mehr solche Fälle*
Nous pouvons donc dire... *Also, wir können sagen...*	*Wir* ***können also*** *sagen,...* *Wir* ***können daher*** *sagen,...*

Übung 77

(Où) placeriez-vous une virgule ? Vous avez droit à une poignée de 4 (quatre) virgules pour l'ensemble des phrases de cet exercice !

1. Am 27. September 1998 wurden über 60 Millionen Bürgerinnen und Bürger aufgerufen den 14. Deutschen Bundestag zu wählen.
2. Die 1945 gegründete Partei gehört zur konservativen Mitte.
3. Die Partei 1980 gegründet geht aus zahlreichen Bewegungen hervor.
4. 1999 wird ein entscheidendes Jahr für die europäische Währung.
5. Ja so ist es.

V. Style

Il est sécurisant pour les germanistes d'apprendre par cœur des expressions dites typiques pour maîtriser la plupart des situations d'expression écrite et orales dans examens et concours. Ce souci légitime, auquel nous souscrivons en donnant quelques pistes, ne doit pas dégénérer en recettes de trames d'essais lyophilisés ni en formules prédigérées à régurgiter.

Les expressions sont destinées à fournir un cadre dont on s'éloignera au fur et à mesure pour trouver son propre style. En outre, elles donnent l'illusion qu'il y aurait dans des zones éthérées un modèle idéal et intemporel, une sorte d'allemand orthodoxe prometteur de succès.

Expressions et formules

Recourir aux argumentatifs et aux illocutoires à l'oral permet de "colorer" son exposé.

Dans le répertoire classique des expressions supposées "*urdeutsch*", typiquement et authentiquement allemandes, on en trouve quelques-unes qui fleurent bon le 19e (le siècle, pas l'arrondissement). A éviter donc :

- ***in der Tat***. Sécurisant, confortable, mais quel Allemand l'emploie réellement au sens où l'entendent nos étudiants ? Un *nämlich* de bon aloi s'avère certes moins poudre-aux-yeux, mais sonne quand même plus allemand (à mettre en 3e position de préférence, jamais en 1re).

Die Frage ist nämlich...
En effet, la question est...

Man kann nicht leugnen, dass (daß),

voire le plus pompeux encore

Es ist unleugbar, dass...

joli effet de manche. Mais peu efficace si on veut miser sur l'authentique.

Man sollte nicht aus den Augen verlieren...
Il ne faudrait pas perdre de vue...

Man kann nicht bestreiten, dass (daß)
On ne peut pas contester que

(Es) ist nicht wegzudenken. / Man kann nicht verschweigen...
On ne saurait occulter...

Man sollte nicht vergessen, dass (daß)...
Il ne faudrait / On ne devrait pas oublier que...

Pour bonifier son style, l'apprenant aura intérêt en revanche à quitter les banalités du style, si l'on ose ainsi dire :

Dieses Problem ist wichtig.

Mieux :

Es ist ein akutes Problem / dieses Problem ist echt gravierend / Es handelt sich um ein brisantes Thema.

Pour être clair, là où le Français dit "problème", il entend la plupart du temps "sujet / thème" (ce qui se traduirait donc par *das / ein Thema*) ; quand l'Allemand parle de *ein / das Problem*, c'est que c'est vraiment dramatique ou important. Le problème vient donc de ce que "problème" est extrêmement galvaudé et appauvri chez nous. Nous comprenons bien que dans le feu de l'action et sous l'effet du "stress", les candidat(e)s ne trouvent pas mieux, mais *Thema* ne nous semble pas si ingérable.

En fait, c'est à chacun, au fil de ses lectures, de trouver ce qui lui convient le mieux ; nous ne voudrions pas retrouver maintenant dans tous nos essais les 3 expressions susdites.

Rappel de quelques notions fondamentales :

- le texte = *der Text (-e)* :

  In diesem Text geht es um...
  Dans ce texte, il s'agit de...

  Dieser Text behandelt...
  Ce texte traite...

- l'extrait = *der Auszug (-üge)*

  In diesem Auszug aus Dürrenmatts Theaterstück geht es um folgende Thematik.
  Dans cet extrait de la pièce de Dürrenmatt, on trouve la thématique / probl ématique suivante.

- l'introduction = *die Einführung / Einleitung*

- le contenu = *der Inhalt (-e)*

  Der Zeitungsartikel hat die neuesten Erkenntnisse im Bereich der Physik zum Inhalt.
  L'article de journal a pour contenu les plus récentes découvertes dans le domaine de la physique.

- l'idée directrice = *der Leitgedanke*

Intro / première partie	
Einleitend kann man sagen, dass...	En guise d'introduction, on peut dire que...
Das angeschnittene Thema ist von vornherein (polemisch par ex.*)*	Le sujet abordé est d'entrée de jeu (polémique)
Ein Thema von allgemeiner Bedeutung.	Un sujet de portée générale.
Was an der Fragestellung besonders auffällt, ist...	Ce qui frappe dans la façon de poser le problème est...
Auffallend ist, dass...	Ce qui frappe, c'est le fait que...
Auf den ersten Blick scheint es nicht leicht,... zu + INFINITIF.	A première vue, il ne semble pas facile de...
Bei näherem Hinsehen stellt sich jedoch heraus, dass...	A y regarder de plus près, on s'aperçoit toutefois que...
Die eingangs gestellte Frage...	La question posée d'emblée...

AUTEUR (sert à introduire le sujet à partir d'une citation ou d'un extrait du texte à résumer).	
Der Autor vertritt hier den Standpunkt, wonach...	L'auteur défend ici le point de vue selon lequel...
Er vertritt die Ansicht, dass...	Il est d'avis que...
Wenn Aga[1] diese Anschauung vertritt, so ist es stellvertretend / repräsentativ für eine ganze Generation	Si / quand Aga défend cette opinion, il est représentatif de toute une génération

Le thème	
ein wichtiges / interessantes Thema	Un sujet important / intéressant
ein eher politisches Thema	Un sujet à vocation plutôt politique
ein brisantes Thema	Un sujet explosif
ein brennendes Thema	Un sujet brûlant
ein heikles Thema	Un sujet délicat
Das Thema, mit dem wir uns auseinanderzusetzen haben, ist recht heikel	*Le sujetavec lequel nous avons à nous confronter est assez délicat*
ein Tabu-Thema	Un sujet tabou
Es darf hier von einem ausgesprochenen Tabu-Thema gesprochen werden	*On peut carrément parler ici de sujet tabou*

Actualité	
Zweifellos handelt es sich hierbei um ein Thema von brennender Aktualität.	Il s'agit sans nul doute ici d'un sujet d'une actualité brûlante.
ein hochaktuelles / brandaktuelles Thema	Un sujet d'une actualité brûlante
Das Thema taucht immer wieder in den Medien auf.	Ce sujet revient régulièrement dans les media.
Diese Frage ist heute aus den Medien einfach nicht mehr wegzudenken	Il est devenu impossible d'évacuer des media actuels cette question

Précision	
Im wahrsten Sinne des Wortes	au sens propre du terme

[1] ou n'importe quel autre nom de savant, car Agamêmenom.

Genau genommen ist der Sachverhalt einfach	A tout prendre, le fond du débat est simple
Wenn man den meisten Experten (ver)trauen darf,...	Si on peut en croire la plupart des experts...
Genauer gesagt	pour être plus précis
Um es einmal ganz konkret auszudrücken,...	Pour dire les choses de manière vraiment concrète...
Im Grunde	au fond
Mit anderen Worten	en d'autres termes
Anders ausgedrückt	autrement dit

Doute(s)

Es melden sich sehr schnell Zweifel	Des doutes surgissent très vite
Man kann...... doch bezweifeln	On peut tout de même mettre en doute...
Man kann sich wirklich fragen, ob...	On peut vraiment se demander si...
Es ist wohl angebracht / vorsichtiger, diese Frage offen zu lassen	Il est sans doute judicieux / plus prudent de laisser cette question en suspens / ouverte

Supposition

Man kann vermuten / annehmen, dass...	On peut supposer que
Vermutlich / Vielleicht...	probablement, sans doute, peut-être

ATTENTION, pas de *dass* après ces adverbes pour dire peut-être que !

Allem Anschein nach...	Selon toute apparence
Mit an Sicherheit grenzender Wahrscheinlichkeit	Avec une probabilité confinant à la certitude

Nuances

Insofern als	dans la mesure où
Es hängt davon ab, ob man die Ansichten des Autors / Journalisten teilt	Cela dépend de savoir si l'on partage ou non les vues de l'auteur / du journaliste
Es kommt darauf an	cela / ça dépend (on ne précise pas de quoi)
Es kommt auf andere Faktoren an	Cela dépend d'autres facteurs
Man darf aber nicht verallgemeinern	Il ne faut cependant pas généraliser
Ganz zu schweigen von DAT	Sans parler de

Nicht zuletzt (suivi du VERBE)	Au premier chef, en premier lieu ; très important, primordial[1]
Der Rücktritt des Ministers löste nicht zuletzt im eigenen Lager große Bestürzung aus.	C'est surtout / avant tout / au premier chef dans son propre camp que la démission du ministre provoqua un grand désarroi
Man mag zwar...... bedauern	On peut certes déplorer, on a beau déplorer
Das ist aber nur eine Pauschallösung	Ceci n'est qu'une solution à l'emporte-pièce
Man kann das nicht so pauschal beantworten	On ne peut donner une réponse passe-partout

Structures / articulations	
erstens..., zweitens..., drittens...	premièrement, deuxièmement, troisièmement
usw.	etc.
u.dgl.m.	et tout ce genre de choses, et tutti quanti
*im ersten Teil**	dans la première partie
Zuerst	en premier lieu
Zunächst einmal	pour commencer
Eingangs muss schon klargestellt werden, dass...	Il faut d'entrée de jeu préciser que...
Gleich zu Anfang	Dès le début
dann	ensuite
anschließend	ensuite, puis
außerdem	en outre
zudem	de plus
Hinzu kommt, dass	A ceci s'ajoute que
Darüber hinaus	de surcroît
übrigens	d'ailleurs
Ces 2 locutions / adverbes sont utiles pour "racccrocher" un argument qu'on aurait oublié ou "perdu" en cours de route.	
im allgemeinen	en général

[1] Même si vous ne retenez pas de façon active cette locution, stockez-la dans votre mémoire morte, car en version ce type de litotes est souvent générateur de contresens !

umgekehrt	inversement
bekanntlich	comme chacun sait
Bekanntlich genießen Medien wie das Fernsehen nicht immer einen guten Ruf bei Intellektuellen.	Tout le monde sait que les media comme la télévision ne jouissent pas d'une bonne réputation auprès des intellectuels.
gewissermaßen	dans une certaine mesure
verhältnismäßig	relativement
normalerweise	normalement
sowieso	de toute façon
wie dem auch sei	quoi qu'il en soit
abschließend	pour conclure
Zusammenfassend könnte man sagen...	Pour résumer, on pourrait dire...

ATTENTION : JAMAIS "in einem ersten Teil werde ich..."!!

Analyse	
Alles dreht sich um (die Verantwortung der Wissenschaftler).	Tout tourne autour de (la responsabilité des scientifiques).
Es ist nicht leicht, Stellung zu nehmen.	Il n'est pas facile de prendre position.
Es hieße, die Problematik (zu) vereinfachen.	Cela reviendrait à simplifier abusivement la problématique.
Opinion	
Meines Erachtens	A mon sens
Das ist eine persönliche Einstellung.	Il s'agit là d'un point de vue personnel.
Diese Meinung wirkt ziemlich provozierend.	Cette opinion a un effet plutôt provocateur.
Diese Äußerung klingt eher wie eine Herausforderung.	Cette affirmation sonne davantage comme un défi.

(outre l'indémodable "*Meiner Meinung nach*" suivi du verbe et NON de ist, dass...!).

Conclusion	
Um die Diskussion auf den Punkt zu bringen,...	Pour mettre un terme à la discussion, ...
Es dürfen zwar keine voreiligen Schlüse gezogen werden...	Certes, il ne faudrait pas tirer de conclusions hâtives, précipitées...
Aus der Äußerung des Journalisten kann man schließen, dass...	On peut déduire de l'affirmation du journaliste que...

Eine Lehre lässt sich ziehen	On peut en tirer un enseignement
Die Schlussfolgerung, die (uns) der Verfasser nahelegt, scheint eindeutig.	La conclusion que l'auteur (nous) suggère semble évidente.
Man mag zwar versucht sein, solche Scheinlösungen anzunehmen, jedoch (halten sie nicht immer, was sie versprechen).	Certes, on peut être tenté d'adopter de telles solutions fallacieuses, mais (elles ne tiennent pas toujours leurs promesses).
Wachsamkeit ist und bleibt angesagt.	La vigilance est et reste de mise.

COMMENT LIRE UN ARTICLE DE PRESSE ?

➪ Lisez en diagonale

A la différence de la presse française, les articles de presse allemands commencent souvent par une anecdote destinée à "accrocher" le lecteur : ne vous perdez pas dans ce genre de détail (perte de temps et d'énergie, sans compter que très souvent le vocabulaire utilisé fait référence à des faits supposés connus et que la langue est donc très allusive, autant dire quasi incompréhensible pour le non-initié).

La même remarque vaut pour le(s) dernier(s) paragraphe(s), où le journaliste cherche souvent à finir sur une formule bien tournée (donc effet de manche sur lequel vos efforts de décryptage n'ont guère de prise) ou une image originale, voire sur un exemple frappant : inutile de s'y attarder plus que de besoin.

Ne les négligez pas pour autant, mais d'une manière générale, un très rapide survol permet de vérifier si oui ou non les paragraphes incriminés vous apportent quelque chose.

➪ Lisez de droite à gauche

Il ne faut pas voir là de connotation politique, mais plutôt le rappel que l'allemand est une langue à structure régressive, c'est-à-dire que dans la phrase les éléments porteurs de sens se retrouvent plutôt à la fin, dans la partie droite de la phrase :

- c'est le cas des particules verbales :

  Bundeskanzler Gerhard Schröder löste mit seiner Erklärung eine Sturmwelle der Proteste... aus.

  Avec sa déclaration, le chancelier fédéral Gerhard Schröder déclencha une vague de protestations.

  Contrairement à ce qu'aurait laissé croire une lecture rapide faisant de "*lösen*" (= résoudre. Que résoud-il donc ?) le verbe, c'est le *aus* final qui donne la touche décisive : *aus*lösen = déclencher, susciter, provoquer.

- les verbes eux-mêmes sont à droite : en effet, les articles étant souvent travaillés, les phrases charpentées comptent une ou plusieurs subordonnées.

- c'est aussi le cas des éléments constitutifs du groupe verbal (que souvent les étudiants ont du mal à identifier dans son ensemble, se contentant d'une lecture française ne considérant comme verbe que ce qui est derrière le sujet).

  Der neue Trainer des FC Kaiserslautern führte seine Mannschaft... ins Aus.

  Une lecture superficielle amène à déduire que le nouvel entraîneur mène, dirige d'une main ferme (d'un pied plutôt s'agissant de football) son équipe ; or, il n'en est rien : rétabli dans son intégralité, le groupe verbal est bien : *ins Aus führen*. Or, *ins Aus* exprime clairement que l'équipe n'est plus dans le coup, qu'elle est presque en situation de reléguable ! Tout le contraire de ce que laissait supposer *führen*.
  En suivant nos conseils, on se concentre sur *ins Aus* d'entrée de jeu, si l'on ose dire, et aussitôt, le terme *Aus* étant on ne peut plus clair, on a une perception globale du sens, on s'aperçoit du reste que la partie verbale conjuguée *führen* n'est pas du tout porteuse de sens ; à l'extrême limite, on pourrait même s'en passer, élision inconcevable en français.

  Bundeskanzler Schröder schlug Bundesumweltminister Jürgen Trittin... vor,

  Sans le *vor* qui précède la virgule et annonce que le nouveau chancelier fait une proposition à son ministre de l'environnement, on pourrait penser que, dans un accès de mauvaise humeur, Schröder se soit laissé aller à boxer un membre de son cabinet.

- les mots composés n'échappent pas à cette règle : pour prendre un exemple parlant, choisissons au hasard un de ces termes à rallonge qui impressionnent facilement les francophones :

Bundesausbildungsförderungsgesetz
(en clair : la loi régissant l'allocation de bourses d'études).

Le genre du mot est celui du dernier (*das Gesetz* = la loi est du neutre, tout le "monstre" sera donc neutre).
Si vous tombez sur un tel "godzilla germain", disséquez-le sans états d'âme, en vous rappelant toujours que le dernier mot est porteur de sens et du genre. Cela vous évitera du moins des contresens complets.

- Corollaire de cette lecture orientée à gauche (sans connotation politique !) :
  Détectez les mots d'annonce et les anomalies de structure les plus courants. Ainsi *immer* annonce souvent un comparatif et signifie dans ce cas "de plus en plus" et non "toujours" :

  Die Zahl der interessanten Geschäftspartner wird immer kleiner.
  Le nombre de partenaires commerciaux intéressants se réduit de plus en plus.

  Zwar annonce toujours un adversatif type *aber* ou *doch*. De fait zwar évoque l'idée suivante : l'affirmation a est exacte mais c'est l'affirmation b qui est la plus exacte (arme rhétorique utilisée fréquemment en situation de dialogue avec quelqu'un : Vous avez raison mais c'est moi qui ai le plus raison) :

  Zwar haben die Piloten eine gute Ausbildung...
  Die Piloten haben zwar eine gute Ausbildung...

  On comprend : les pilotes ont beau avoir, on a beau dire que les pilotes ont une bonne formation MAIS je vais dire dans un deuxième temps exactement le contraire ! D'où cette suite à l'amorce précédente :

  ... aber gewisse Luftfahrgesellschaften weisen eine negative Unfallstatistik auf.
  ... mais certaines compagnies aériennes présentent des statistiques d'accidents négatives.

  Qu'en termes élégants *zwar* assassine !

- Anomalies de structure fréquentes et irritantes :
  a) le verbe conjugué est en tête de phrase, alors qu'il n'y a ni interrogative ni exclamative ! Il s'agit alors quasi immuablement d'une conditionnelle / concessive sans wenn exprimé :

  Präsentierten sich vor Wochen Oskar und Gerhard noch als enge Freunde, ist dieser Schein nun endgültig gebrochen.
  Alors que / Même si Oskar et Gerhard / Oskar et Gerhard ont eu beau s'afficher il y a quelques semaines comme des amis intimes, cette illusion est à présent définitivement brisée.

  Cette tournure "économe" est très prisée des journalistes.

b) la chaîne article + adjectif + Nom ne "fonctionne" pas normalement : on a affaire à une participiale (ou qualificative) :

Das bis zu 50% von der EU finanzierte Projekt soll Andalusien aus der Not helfen.

Le projet financé jusqu'à hauteur de 50% par l'UE est censée sortit l'Andalousie de sa détresse.

■ Dysfonctionnement apparent : après le déterminant Das, on attend logiquement un adjectif ; ce n'est pas le cas : il faut donc "casser" la structure, toujours avec le réflexe inculqué supra, c'est-à-dire lire de droite à gauche, en somme aller d'abord à la fin de la séquence pour "ramener" le substantif. On décrypte la chaîne de l'exemple cité en transformant le bloc compact en subordonnée relative :

Das Projekt, das von der EU finanziert wird, soll Andalusien helfen.

Que faire de *bis zu 50 %* ? C'est un quantificateur adverbial qui spécifie *finanziert*.

■ Souvenez-vous aussi que les noms propres ne portent pas en bandoulière le cas auquel ils sont affectés :

Birgit Breuel wirft der Vorstand vor, die Finanzierung der EXPO 2000 in Hannover unterschätzt zu haben.

Une lecture superficielle laisse à penser que Birgit Breuel a adressé des reproches au directoire parce qu'il aurait sous-estimé les problèmes liés au financement de l'exposition mondiale prévue à Hanovre en l'an 2000. Or, c'est tout le contraire, comme le montre l'analyse :
1. Le segment de phrase ambigu va jusqu'à la virgule (ce signe fonctionnel est un excellent guide pour le repérage des unités de sens), l'élément important *vor* est manifestement la particule du verbe *vorwerfen* = reprocher.
2. Toujours dans le mode de lecture droite vers gauche, on tombe sur *der Vorstand* : impossible d'y voir un datif (elle reproche au directoire), car on aurait *dem Vorstand*. D'où le constat : *der Vorstand* ne peut être qu'un nominatif, il est donc le sujet de *vorw*erfen.
3. La personne à qui sont destinés ces reproches est bien BB : or, le datif n'apparaît pas clairement quand il affecte des noms propres.

■ Souvenez-vous encore que la phrase allemande peut très bien commencer par un complément (direct, circonstanciel...) :

Eine erneute Debatte über den Atomausstieg kann keiner völlig ausschließen.

Une lecture superficielle ferait de *Debatte* le sujet de *kann* ; mais si on regarde à droite, on se demande que faire alors de *keiner*, qui ne peut être autre chose qu'un nominatif (marque de masculin). D'où :

Personne ne peut complètement exclure un nouveau débat au sujet de la sortie du nucléaire.

- connaissez un certain nombre d'abréviations basiques (cf. liste relativement complète en annexe) : sans prétendre devenir un singe savant, un champion du décodage, il n'est pas infâmant pour un germaniste se présentant à des concours de savoir ce qu'est une *GmbH*, un *GAU*, une *WG*, une *AKW* ou encore la *CSU*.

- Les rédacteurs / trices d'articles de journaux affichent une prédilection pour des termes indiquant qu'ils vont citer quelqu'un mais veulent éviter les lourdeurs du genre *"wie er sagte"* ou autres" *wie sie behauptete*" et "*Dagegen erklärte er*". Les termes magiques (car "light") alors employés et qu'il faut absolument repérer sont les suivants (liste alphabétique non exhaustive) :

  • *laut* : selon

  Die Geburtenrate in der BRD ist laut Statistik der zuständigen Behörde gestiegen.
  Le taux de natalité en RFA a augmenté, selon les statistiques des autorités compétentes.

  • *nach* : facile à comprendre, car il correspond en tous points à notre "d'après" :

  Nach der ehemaligen Scientologin...
  D'après l'ancienne scientologue,...

  • *so* : ce petit mot n'est tout bonnement pas vu, la plupart du temps.

  Die Lage in der EU nach Einführung des Euro, so Bundesbankpräsident Tietmeyer, sei bedenklich.
  La situation dans l'UE après introduction de l'euro, si l'on en croit Tietmeyer, président de la Banque fédérale, est préoccupante.

  • *zufolge* :

  Einer Schätzung der Bundesanstalt für Arbeit zufolge sei keine deutliche Besserung der Lage zu erwarten.
  D'après une estimation du Bureau fédéral du travail, on ne peut guère s'attendre à une amélioration de la situation.

Dans la même logique, les journalistes utilisent le discours rapporté (style indirect) ; or, le mode royal de ce discours est le subjonctif 1, ce qui donne une profusion de formes comme "*er wolle*", "*sie glaube*" ou autres "*Die Bundesregierung werde*" (rappel : subjonctif 1 = radical + e à la 3e personne singulier).

Civilisation et presse

Confectionnez-vous une culture personnelle et efforcez-vous d'acquérir un minimum de connaissances générales sur l'Allemagne. Nous ne prétendons bien entendu pas faire en 2 pages le tour des idées essentielles, mais donnons quelques exemples pertinents :

- la réunification = *die* ***Wiedervereinigung*** (en fait, *die Vereinigung*, car les 2 états tels qu'ils furent unifiés en 1990 n'avaient jamais été unis auparavant ; on touche déjà là une différence de vision).
- le nom de la nouvelle Allemagne = *die* ***BRD***, soit *die Bundesrepublik Deutschland* (République fédérale d'Allemagne). Certains organismes officiels, comme les postes françaises, ne semblent pas avoir perçu que l'Allemagne n'a pas changé de désignation le 3 octobre 1990.
- la RDA = République démocratique allemande (elle n'a jamais eu le droit de faire figurer "Allemagne" dans son libellé ; soit en allemand *die* ***DDR*** *= die Deutsche Demokratische Republik).*
- Lui correspondent maintenant ceux qu'on appelle les "***neue Bundesländer***" ou "*neue Länder*" voire "*Beitrittsländer*" (car la procédure constitutionnelle présidant à l'unification a consisté pour les arrondissements – *Bezirke* – de l'ancienne RDA à demander l'adhésion, le rattachement à la RFA) ; nous passerons sur les appellations fantaisistes ou ironiques comme "*Neufünfland*" (par allusion à *Neufundland* = Terre-Neuve, suggérant par là qu'il s'agirait d'une sorte de désert, et *fünf* parce que les nouveaux länder sont au nombre de 5).
- Organisation ***Bund / Länder*** : *die BRD zählt heute 16 Bundesländer*. La RFA nouvelle manière compte en effet 16 länder et l'un des débats récurrents est leur regroupement pour des raisons économiques et pour optimiser le fonctionnement administratif. Les tout petits länder comme la Sarre – *das Saarland* – ne font pas le poids et imposent une bureaucratie importante et coûteuse, même si pour l'instant le land en

question bénéficie de hautes protections en la personne de M. Lafontaine, pas le fabuliste, l'autre).

- Chaque land possède des compétences propres (en harmonie avec la constitution appelée Loi fondamentale = *das* ***Grundgesetz***) : *Jedes Bundesland verfügt über eigene Zuständigkeitsbereiche.* Ce sont en particulier (chose inconcevable pour nous autres Français et c'est cette différence qui justement est productive en situation de commentaire oral ou de discussion dans les concours) :

  l'écologie (*der* ***Umweltschutz***), l'enseignement (*die* ***Erziehung*** : il y a une foule de ministresses / ministres de l'éducation appelés *Kultusminister:* pour assurer vaille que vaille une coordination, ils se rencontrent 2 fois par an dans le cadre de *KMK = Kultusministerkonferenz*) et la police (*das* ***Innenministerium***) : il existe une police de portée "nationale" : à l'instar du FBI américain (F = federal), on trouve le *BKA = Bundeskriminalamt.*

Attention, piège !

Ces données de civilisation peuvent fournir une aide à la version : en effet, beaucoup de mots composés en *Bundes~* et *Landes~* constituent de vrais chausse-trappes pour le traducteur :

- ***Bundes-*** doit être compris et traduit comme une institution / personnalité de dimension nationale : *die Bundesministerin* = ministre fédérale, c'est-à-dire nationale, chapeautant les ministres des länder.

- ***Landes-*** doit être compris et traduit comme une institution / personnalité de dimension régionale : *die Landesministeri*n = ministre régionale, du land. Alors qu'un francophone serait spontanément tenté d'interpréter ce "*land*" comme quelque chose se référant au pays, à la nation.

  Ceci explique certains débats dont la presse outre-rhin se fait régulièrement l'écho, justement au sujet de ces conflits de prérogatives : qui décide quoi ? Pourquoi dans tel Bundesland la règlementation est-elle plus laxiste que dans tel autre. Un exemple pertinent : le land de Brandebourg (Brandenburg, tout le monde connaît la musique) qui a une frontière commune avec la Pologne (la fameuse ligne Oder-Neisse). La police des frontières (*der Bundesgrenzschutz*) y est confrontée à d'immenses difficultés : immigration clandestine (*illegale Einwanderung über die sogenannte "grüne Grenze"* = cette frontière verte étant les zones naturelles de partage entre les 2 pays), sans compter les trafics louches (*der Schmuggel*) de drogues, d'armes (russische Mafia), de matières fissiles, de cigarettes, n'en jetez plus, la cour est pleine. Autre débat actuel : l'octroi de la double nationalité aux ressortissants étrangers (*die doppelte Staatsbürgerschaft*).

Voici un espace vierge pour vos annotations personnelles et les autres thèmes que vous aurez pointés vous-mêmes lors de vos lectures personnelles.

C'est tout ?

La presse

Alors passons au panorama de la presse dont nous revendiquons la subjectivité. Commençons par rappeler que les Allemands sont de grands lecteurs et sont souvent abonnés (personnellement ou par le biais de clubs de lecture de journaux et périodiques, si si ça existe). On trouve souvent des journaux emmanchés sur de longues tiges dans des cafés et troquets, et pas seulement en Autriche.

Les quotidiens (*die Tageszeitung*) dans l'ordre alphabétique allemand

- ***die FAZ*** = *Frankfurter Allgemeine, Zeitung für Deutschland* : journal sérieux de centre-droite, milieux d'affaires. Frankfurt-am-Main ist der Sitz der Bundesbank (la banque centrale d'émission de RFA, encore appelée affectueusement Buba) und der Zentralbank der EU.
- ***die NZZ*** = *Neue Zürcher Zeitung*. N'oublions pas ce quotidien helvétique en langue allemande, même si parfois on sent stylistiquement une influence cosmopolite, c'est-à-dire que l'allemand n'y est pas d'une orthodoxie féroce. Journal intéressant, sérieux et bien documenté.
- ***die Süddeutsche Zeitung*** : l'autre grand journal dit supra-régional (*überregional*). Il n'existe en effet pas de journal "national" type *Le Monde* en Allemagne. Il ne se cantonne pas dans les nouvelles concernant Munich et alentours.
- ***die TAZ = Tageszeitung.*** Sorte de Libé berlinois. Journal bien écrit, plutôt engagé au sens constructif du terme. On peut y accéder par le Net.
- ***die Welt*** : ne vous laissez pas abuser par ce que suggère la traduction de son titre : aucun rapport avec *Le Monde, die Welt* est un pur journal économique de Hambourg ; intérêt limité.

Les hebdos (*das Wochenmagazin*) dans l'ordre alphabétique

- ***Focus*** : the Magazin. Créé il y a quelque 10 ans, l'étoile montante de la presse "news" en RFA. Succès jamais démenti. Magazine d'information d'une qualité fort honorable (ses articles sont prisés des professeurs d'allemand car ils tiennent souvent sur une page, au contraire du *Spiegel,* dont les articles sont atomisés sur 10-12 feuillets), plus lisible et agréable, très varié dans ses thèmes. Légèrement teinté conservateur, cet organe du groupe de presse *Burda* d'Offenburg (spécialisé tricot et popote), *Focus* est inattendu dans la palette de périodiques édités par *Burda*. Il s'est lancé dans la télé privée et diffuse tous les dimanches soirs un magazine, *Focus TV* sur la chaîne *ProSieben*.

- ***der Spiegel*** (= le miroir). Le magazine des intellos libéraux de gauche. Créé par les Britanniques après la deuxième Guerre mondiale sur le modèle de la presse anglo-saxonne : il s'agissait en effet de *entnazifizieren* la presse allemande marquée par la Reichspropaganda. Le *Spiegel* est LA référence en Allemagne de la presse d'info de qualité, courageuse, investigatrice, sérieuse mais... illisible pour un étranger. Le *Spiegeldeutsch* est réputé (effets de manche, style impossible, néologismes nombreux). Il existe un magazine télévisé, *n tv*.

- ***der Stern*** (= l'étoile, comme le confirme son logo) : dans les années 50-70, le magazine vulgarisateur de gauche (proche du SPD et très écolo) présente, ces dernières années, une qualité bien piètre. Racolleur, toujours à courir après des lecteurs qu'il perd régulièrement. Tristement célèbre pour avoir été victime, il y a une douzaine d'années, d'un faussaire de génie qui était parvenu à fourguer au rédacteur en chef, depuis remercié, les soi-disant journaux personnels d'Adolph (*die geheimen Tagebücher Hitlers*). C'est devenu dans l'univers impitoyable des media l'exemple-type d'une manipulation réussie (transposée au cinéma dans un film qui porte un titre évocateur : *Schtonk*).

Les journaux hebdomadaires (*die Wochenzeitung*) :

Die Woche (= la semaine) : Journal libéral (très marqué *FDP = Freie Demokratische Partei*), très bien documenté, sérieux et offrant une gamme de thèmes très variée. Elu world's best designed newspaper par un aréopage de journalistes internationaux (1997). Les mauvaises langues en Allemagne le décrient – affectueusement ? – en le définissant comme le *Zeit der Armen,* soit une sorte de *Zeit* au rabais.

- ***Die Zeit*** (= le temps). Il en faut justement pour le lire : 2 kilos d'infos de qualité, approfondie (au poids, on s'en serait douté) écrite dans un allemand de très haute tenue. Une plume notoire : un des rédacteurs en chef de *die Zeit* est l'ancien chancelier (*der ehemalige Bundeskanzler*)

Helmut Schmidt, le Helmut d'avant Kohl. Là, ça vaut le coup de citer le nom du journaliste et de se fendre d'un commentaire sur Schmidt, SPD libéral, très féru en économie. La fondatrice est une vraie comtesse, Marion Gräfin Dönhoff, qui est aussi rédactrice en cheftaine.

Internet

Bien entendu, tous les grands organes de presse ont un site internet. Ils ne reproduisent pas l'intégralité de leurs numéros (commercialement suicidaire) mais proposent un choix utile et incitatif à la lecture.

Sans prétendre faire figure d'experts, nous livrons ci-après quelques pistes utiles et citons des sites accessibles depuis tout PC dûment équipé (nous ne citons pas le fastidieux *www* chaque fois). Les sites spécifiquement germaniques sont souvent étiquettés*.de* (comme *de*utsch, vous l'aurez deviné !).

Moteurs de recherche spécifiques

fireball.de (moteur de recherche le plus employé en RFA)
webindex.de
amb-allemagne.fr (c'est le site de l'ambassade de RFA en France, d'où le*.fr*)
Pour accéder à la presse, autant recourir à des banques de journaux et périodiques :
gok.de propose un menu quadrilingue et un ensemble de thèmes puis vous renvoie à des journaux en langue allemande édités sur la planète, comme par exemple *Condor*, un journal chilien en langue allemande.
zeitung.de
german network findex

- Et bien sûr, les inoxydables de la presse de langue allemande :
  spiegel.de
  focus.de
  tvtoday.de
  welt.de
  http: / / zeit.de
  stern.de

taz.de (avec des articles du *Monde diplomatique* traduits en allemand, intéressant pour s'exercer à la traduction cursive)
nzz.ch (ch = confoederatio helvetica, soit la Suisse)

- Les radios sont accessibles online :
  www.br-online.deBayerischer Rundfunk (Radiotélévision bavaroise, une des principales)
  www.dwelle.deDeutsche Welle
- Les universités ont presque toutes leur site :
  www.fernuni-hagen.de La plus grande université par correspondance (CNED chez nous)
  www.htw.uni-sb.de
- Pour aller plus loin, si vous cherchez :
  – un listing d'entreprises allemandes, voyez *ww.branchenbuch.de*
  – l'annuaire téléphonique de l'Allemagne, consultez *ww. Teleauskunft 1188.de*
  – le répertoire des codes postaux, tapez *w.nads.de* ou *www.plz.html* (*plz = Postleitzahl*, soit code postal)
- Si vous voulez consulter les nouvelles publications et fureter dans une librairie virtuelle :

  www.lob.de
  www.thalia.de

Au fil de vos propres naufrages sur le web, vous trouverez vos propres favoris.

Oral (conseils et formules)

Les oraux des concours / examens

Une expérience vécue (et plus d'une fois hélas) par les interrogateurs que nous sommes nous amène à un constat frustrant : même les germanistes qui reconnaîtraient aisément les sigles et abréviations s'ils les avaient par écrit sous leurs yeux perdent tout repère dès qu'ils sont confrontés aux épreuves orales (type HEC, banques de concours commerciaux, Concours Communs Polytechniques et autres banques de concours scientifiques). Un étudiant parlant pourtant un allemand fort correct et ayant fait un réel effort de compréhension était comme tétanisé parce qu'il avait senti qu'un élément de taille du document oral lui échappait : il avait tout au long des 3 minutes d'audition de la cassette, entendu répéter "faouvé" un nombre significatif de fois. Quant à savoir qui était ce Faouvé, silence radio. Il nous a suffi de griffonner le sigle *VW* sur notre feuille de prises de notes et la situation a été instantanément débloquée. Entraînez-vous donc avec un(e) camarade à transcrire par écrit des sigles et abréviations qu'il / elle aura lues à voix haute.

Un mot d'auto-critique : il arrive encore trop fréquemment que les épreuves orales destinées à vérifier la capacité à comprendre et s'exprimer en langue étrangère ne soient que des épreuves écrites oralisées. Entendez par là qu'il s'agit – encore bien souvent hélas ! – d'articles extraits de magazines plus ou moins lisibles (le *Spiegel* est un exemple détestable à cet égard d'allemand poudre-aux-yeux) débités d'une voix monocorde par un(e) Allemand(e) qui n'a manifestement guère eu le temps de préparer une lecture un tant soit peu spontanée.

Ces articles ne sont pas toujours retravaillés dans une perspective d'oral : le journaliste qui les a rédigés l'a fait en pensant à un public de lecteurs (qui peut donc prendre son temps) et de lecteurs germanophones (dotés donc du "background" culturel et des référents nécessaires). Il suffit de proposer à la sagacité des étudiants les transcriptions de ces textes oraux au titre de version écrite pour s'apercevoir à quel point ils sont difficiles et irréalistes.

Citons un contre-exemple notoire : les cassettes orales de la banque dite Iéna contiennent des textes dialogués lus par des acteurs professionnels faisant un réel effort de lecture dynamique, avec accent d'insistance, tournures interrogatives appuyées. Aux CCP aussi, un bel effort de "toilettage" des textes est effectué : on n'y trouve plus de pages de magazines purement et simplement photocopiés et soumis à un quelconque lecteur allemand. *Es gibt noch viel zu tun, packen wir's an!*

Conseil : beaucoup de candidat(e)s se croient tenu(e)s d'identifier le journal dont est extrait l'article à commenter. Ce ne peut être intéressant que si vous savez en dire quelque chose de pertinent, ou si vous savez qui est le journaliste. Inutile de faire du "remplissage" à coup de *Der Artikel wurde von ... geschrieben und in der FAZ veröffentlicht!*

Conseils pour l'oral

- Dans la plupart des cas, l'épreuve orale (qu'il s'agisse du bac ou d'oraux de type concours) met le candidat dans les affres suivantes : il faut "tenir" 20 minutes. Curieusement, beaucoup de candidats s'empressent d'annoncer qu'ils vont résumer (*zusammenfassen*) le texte ; or, à résumer un texte déjà souvent court en soi, on ne risque guère de dépasser le cap des 7-8 minutes. Il faut en rendre compte, ce qui est tout autre chose.

- En cas de "pépin" majeur, sachez dire :

  Ich habe diese Textstelle nicht ganz verstanden.
  Je n'ai pas entièrement compris ce passage.

  Den vorletzten Absatz habe ich fast gar nicht verstanden.
  Je n'ai pratiquement pas compris l'avant-dernier paragraphe.

  Ich verstehe das Wort .... im Titel nicht.
  Je ne comprends pas le mot .... du titre.

  Wie sagt man auf Deutsch "esprit de clocher", bitte?
  Comment dit-on en allemand "esprit de clocher", svp ? (réponse : *Lokalpatriotismus*).

- Ne reprenez pas servilement les expressions toutes faites du texte si elles sont trop sophistiquées ou si vous ne les maîtrisez pas. En les citant de façon malhabile, vous vous exposeriez à une question perfide là où ça fait mal, du genre :

  "Sie haben da den Ausdruck .... aus dem Text zitiert. Wie verstehen Sie ihn denn?"

  Après tous ces conseils sur ce qu'il ne faut pas faire, comment procéder ?

1. Début

- Commencez directement :

  Das Thema, das hier angesprochen wird, ist...
  Le sujet / problème abordé ici est...

  Mise au point à propos de *handeln :*
  Rien de plus navrant que d'entendre les approximations indéracinables sur ce verbe. Tout d'abord, *handeln* signifie agir.
  Il se trouve que, souvent, en français aussi, il s'utilise avec *se / sich* : *sich handeln* + *um* ACCUSATIF

  Es handelt sich um einen Text...
  Il s'agit d'un texte...

  Mais il peut être plus intéressant d'employer *handeln* au sens de traiter (un sujet) ; sa construction est alors : *handeln* + *von* DATIF (et SANS *sich* bien entendu).

  Der Artikel handelt von folgendem Thema:...
  L'article traite du sujet suivant.

  Ne panachez pas ces 2 constructions, svp. Merci pour elles.

- si vous tenez à identifier la source, il faut le faire en connaissance de cause, c'est-à-dire qu'il faut que cette remarque s'inscrive dans la logique du commentaire que vous allez faire.
  Si vous tenez à faire du remplissage, dites :

  Dieser Artikel wurde dem Magazin Focus entnommen
  Cet article a été extrait / emprunté au magazine Focus.

  Der vorliegende Artikel ist der Frankfurter Allgemeine entnommen.
  L'article que nous avons sous les yeux est emprunté à la Frankfurter Allgemeine.

- Maîtrisez bien cette construction : *wurde + datif entnommen* et épargnez à l'examinateur les sempiternels et agaçants :

  Der Text ist aus der Zeitung Die Welt gezogen / genommen worden.

2. Titre

- Ne négligez pas le titre et le chapeau résumant l'article :

  Der Titel des Textes lautet "..............."
  Le titre du texte est ....

Somit haben wir schon einen Hinweis auf den Inhalt des Artikels
Nous avons donc déjà des indications sur le contenu de l'article

Er liefert uns schon einen interessanten Hinweis auf den Inhalt
Il nous livre déjà une indication intéressante sur le contenu

Der Titel gibt uns schon einen Hinweis auf das Thema, nämlich...
Le titre nous donne déjà une indication sur le sujet traité, à savoir...

Bien sûr, évitez ce genre de formule si le titre vous paraît sybillin ou s'il est basé sur un jeu de mots que vous n'avez pas bien saisi ; or les jeux de mots sont fréquents dans les titres. Si vous n'êtes pas sûr, *lassen Sie die Finger davon!* (pas touche). Exemple : *"Franzosen am Zug"* (article d'un magazine cité plus haut avec pour contenu les innovations technologiques et les succès commerciaux français en matière de transports ferroviaires, genre TGV et autres métros automatisés) : n'importe qui voit là un rapport entre Français et trains, ce qui n'est pas faux, bien entendu mais ne mène pas bien loin. L'autre dimension du titre *"am Zug sein"* = avoir le trait (jeu d'échecs), avoir l'initiative : les Français sont en pointe, à l'avant-garde du progrès. Certes, ce jeu de mots n'est pas le produit d'un boute-en-train hilarant (ce n'est pas le but recherché par le journaliste) mais il débanalise la première interprétation.
Ne négligez donc pas le titre : il est logique que dans le fil du compte rendu, vous soyez amené à tomber soit sur la formule même du titre, soit sur une expression qui le rappelle. Il est judicieux de faire remarquer qu'on l'a vu :

Diese Formel erinnert uns an den Titel des Textes.
Cette formule nous rappelle le titre du texte.

3. Sujet

Thema des Textes ist............... die Verseuchung des Wassers.
Le sujet du texte est............... la contamination de l'eau

On notera l'absence d'article (*das Thema des Textes* n'est pas faux, bien sûr).

Dieser Text handelt von einem brisanten Problem, nämlich.............. (von datif)
Ce texte traite un problème brûlant, à savoir...

Der Autor dieses Textes befasst sich hier mit dem Thema "Entsorgung der Altlasten"
L'auteur de l'article traite ici le problème "Recyclage des legs écologiques" (par ex. l'héritage désastreux des usines ou encore les décharges ébouriffantes de l'ancienne R.D.A.).

In diesem Text ist die Rede von der bedenklichen Entwicklung des Profisports
Dans ce texte, il est question de l'évolution douteuse / préoccupante du sport professionnel

Es geht hierbei um folgenden Themenkreis: ....
Il s'agit ici de la thématique suivante : ....

4. Intro

Exceptionnellement, pour cette partie, il peut être intéressant d'avoir dans son carquois quelques expressions toutes faites : en effet, au début l'émotivité est la plus forte et ce genre de formules "béton" permet d'asseoir sa voix, de se calmer :

Einführend kann man sagen, dass...
En guise d'introduction, on peut dire que...

Die Idee, die dem Artikel offensichtlich zugrundeliegt, ist sehr typisch für die deutsche Presse: ...
L'idée qui sous-tend manifestement l'article est tout à fait typique de la presse allemande : ...

5. Le sujet est actuel

Es handelt sich hier um ein ganz aktuelles Thema.
Il s'agit ici d'un sujet tout à fait actuel.

Dieses Thema ist wirklich von brennender Aktualität.
Ce sujet est réellement d'une actualité brûlante.

Pour dire que le problème est récurrent :

Dieses Thema taucht immer wieder in den Medien auf.
Ce thème revient regulièrement dans les media.

6. Soyez concret

Rien de plus soporifique qu'un exposé truffé de grandes idées abstraites et fumeuses.

Ich möchte meine Gedanken mit einem konkreten Beispiel untermauern / belegen.
Je voudrais étayer mes réflexions avec un exemple concret.

Ich möchte folgendes Beispiel anführen / zitieren.
Je voudrais citer l'exemple suivant.

7. Le point de vue du journaliste

RAPPEL phonétique : dans *der Journalist / die Journalistin,* le *j* initial se prononce exactement comme en français, puisqu'il s'agit d'un emprunt direct à notre langue : pas plus de "iournalist" que de "djournalist" (anglicisme-type).

Der Journalist bietet hier keine Standardlösung an.
Le journaliste ne propose pas ici de solution toute faite.

Er vertritt die Meinung, dass...
Il soutient / défend / professe l'opinion qui veut que...

Er vertritt somit die Ansicht vieler Menschen, nämlich...
Ce faisant, il soutient l'avis de beaucoup de gens, à savoir...

Seine Schlussfolgerung ist eher pessimistisch / optimistisch.
Sa conclusion est plutôt / assez pessimiste / optimiste.

8. Votre opinion

Maîtrisez l'expression *Meiner Meinung nach... :* le datif voulu par *nach* est antéposé (mein*er*) et en tout état de cause c'est le verbe porteur de sens qui suit l'expression. Ne nous servez plus de *Meiner Meinung nach ist, dass*!
Evitez aussi l'éternel *Mich, ich...* (pour dire "moi, je..."). L'allemand est sobre : un *ICH* accentué suffira !
Si vous hésitez, optez plutôt pour le sobre *Ich finde, dass...* ou pour :

Ich persönlich würde sagen ...
moi pour ma part je dirais...

Meiner Meinung nach übertreibt er, wenn er behauptet, dass...
A mon avis, il exagère quand il affirme que...

Ich bin ganz seiner Meinung.
Je suis tout à fait de son avis.

Ich bin da anderer Meinung: meines Erachtens sollte man... + infinitif.
Je suis d'un avis différent sur ce point : à mon sens, on devrait ...+ infinitif

Was mich betrifft, so...
Pour ce qui me concerne,...

Ich fühle mich ehrlich gesagt von der Problematik wenig betroffen.
Pour dire la vérité, je ne me sens que faiblement concerné par la problématique.

9. Conclusion

- Vous pouvez résumer brièvement votre compte rendu :

Zusammenfassend möchte ich sagen...

En guise de conclusion, je voudrais dire que...

Concluez toujours sur une note d'optimisme ou d'ouverture ; le *"So, ich bin fertig"* ou *"Das wäre alles"* sont certes des formules linguistiquement correctes pour signaler que vous avez terminé mais elles ne sont guère satisfaisantes. Nous proposons, avec tous les risques d'imitation que cela suppose :

Zwar gibt es keine Pauschallösung. Wir können dennoch zuversichtlich sein.

Certes, il n'y a pas de solution globale / à l'emporte-pièces. Mais nous pouvons néanmoins demeurer confiants.

Ne donnez jamais de solution définitive ou trop radicale. Dites plutôt quelque chose comme :

Es ist gar nicht so leicht, die aufgeworfene Frage zu beantworten. Jeder muss wohl bei sich selbst die Antwort finden. Es gibt da keine endgültige Lösung.

Il n'est pas si facile de répondre à la question soulevée ici. Chacun doit sans doute chercher sa propre réponse. Il n'y a pas de solution définitive.

Vorgefasste Ideen können nur enttäuschend sein.

Les idées préconçues ne peuvent que s'avérer décevantes.

Pauschale Antworten sind hier nicht sehr effizient.

Les réponses globales ne sont guère productives en la matière.

- N'oubliez pas de souligner l'intérêt du texte proposé : non pour flatter l'examinateur (qui en a vu d'autres) mais pour montrer que vous ne nous "servez" pas la soupe ingurgitée tout au long de votre prépa.

Posez-vous donc toujours la question : *inwiefern ist der Artikel originell / neu / interessant*?

Ich finde diesen Artikel besonders originell, insofern er die "Wiedervereinigung" in einem neuen Licht zeigt.

Je trouve cet article particulièrement original dans la mesure où il propose un éclairage nouveau sur la "réunification".

Ich finde diesen Text interessant, weil er uns neue Perspektiven eröffnet.

Je trouve ce texte intéressant parce qu'il nous ouvre de nouvelles perspectives.

Der Artikel zeigt uns die Sachlage unter einem anderen Blickpunkt.

Cet article nous présente les faits sous un autre angle de vue.

VI. Annexes

Quelques abréviations
Leur sens, leur phonétique

Abréviation/ Abkürzung	Décryptage	Sens ou trad. / Bedeutung Übersetzung	Phonétique / Aussprache
ABM	*Arbeitsbeschaffungs-maßnahmen*	Tuc, CDD, mesure bidon pour l'emploi	*a- bé- aime*
AG	*AktienGesellschaft*	société anonyme, par actions	*a- gué*
Aids		sida	*à l'anglaise*
AKW cf. aussi KKW et WAA	*AtomKraftWerk*	centrale atomique	*a- ka-vé*
ARD	*Arbeitsgemeinschaft der öffentlich-rechtlichen Rundfunkanstalten der Bundesrepublik Deutschland*	la première chaîne de télévision allemande (publique !)	*a-erre-dé*
BAFöG	*Bundesausbildungs-förderungsgesetz*	bourse d'études	*idem*
BH	*Büstenhalter*	soutien-gorge	*bé-ha*
BKA	*Bundeskriminalamt*	FBI allemand	*bé-ka-ha*
BIP	*BruttoInlandsprodukt*	Produit intérieur brut = PIB	*bé-i-pé*
BMW	*Bayrische MotorenWerke*	?!	*bé-aime-vé*
BRD	*Bundesrepublik Deutschland*	République fédérale d'Allemagne	*bé-erre-dé*

BSE	*Bovine spongiform Encephalopathy*	encéphalopathie spongiforme bovine[1]	*bé-esse-é*
BWL	*Betriebswirtschaftslehre*	(études de) gestion	*bé-vé-elle*
bzw.	*beziehungsweise*	voire ; c'est-à-dire	*se lit in extenso*
CDU	*Christlich-Demokratische Union*	Union démocrate chrétienne	*tsé- dé- ou*
CSU	*Christlich-Soziale Union*	Union chrétienne sociale	*tsé-esse-ou*
DAX	*Deutscher AktienIndex*	le Cac 40 allemand[2]	*tel quel*
DDR	*Deutsche Demokratische Republik*	République démocratique allemande	*dé-dé-erre*
DGB	*Deutscher GewerkschaftsBund*	Confédération intersyndicale allemande	*dé-gué-bé*
d.h.	*das heißt*	c'est-à-dire	*in extenso*
DM	*Deutsche Mark*	mark allemand	*dé-aime*
EDV	*Elektronische DatenVerarbeitung*	Traitement électronique des données, informatique	*é-dé-faou*
EU	*Europäische Union*	Union européenne	*é-ou*
EZB	*Europäische Zentralbank*	Banque centrale européenne	*é-tsètte-bé*
ff	*dans l'expression etwas aus dem ff können*	maîtriser qqch sur le bout des doigts	*effe-effe*
FAZ	*Frankfurter Allgemeine Zeitung für Deutschland*	Grand quotidien centre	*effe-a-tsètte*
FCKW	*FluorChlorKohlen Wasserstoffe*	CFC (gaz à effet de serre)	*effe-tsé-ka-vé*
GAU	*Größter anzunehmender Unfall*	catastrophe majeure (genre Tschernobyl)	*gaou*
GmbH	*Gesellschaft mit beschränkter Haftung*	Sàrl (Société à responsabilité limitée)	*gué-aime-bé-ha*
ICE	*InterCityExpress*	TGV allemand	*i-tsé-é*

[1] Soit la maladie dite de la "vache folle" ; on trouve aussi *der Rinderwahn* = littéralement la folie des bœufs, *das Rind, die Rinder.*

[2] Un CAC 50 en fait.

IM	*Inoffizielles Mitglied*	informateur de la police politique, “mouchard” (R.D.A.)	*i-aime*
Kfz	*Kraftfahrzeug*	véhicule automobile	*ka-effe-tsètte*
KKW	*KernKraftWerk*	centrale nucléaire (der Kern = le noyau)	*ka-ka-vé*
LKW (Lkw)	*LastKraftWagen*	poids lourd, camion	*elle-ka-vé*
MdB	*Mitglied des Bundestags*	député	*aime-dé-bé*
MFG	*Mitfahrgelegenheit*	allô-stop	*aime-effe-gué*
MfS	*Ministerium für Sicherheit*	Ministère de la sécurité (R.D.A.)	*aime-effe-esse*
MwSt.	*MehrwertSteuer*	TVA (taxe sur la valeur ajoutée)	*se lit in extenso*
NATO	*North Atlantic Treaty Organization*	OTAN (traité d'alliance de l'Atlantique nord)	*tel quel*
OB	*Oberbürgermeister*	premier maire	*o-bé*
PC	*Personalcomputer*	ordinateur pesonnel	*pé-tsé*
PKW (Pkw)	*PersonenKraftWagen*	voiture particulière	*pé-ka-vé*
PS	*Pferdestärke*	cheval-vapeur, CV	*tel quel*
PVC	*Polyvinylchlorid*	idem	
SPD	*Sozialdemokratische Partei Deutschlands*	Parti socialdémocrate	*esse-pé-dé*
StVO	*Straßenverkehrsordnung*	Code de la route	*esse-té-faou-o*
THA cf. ZvS	*Treuhandanstalt*	Organisme fiduciaire[1]	*té-ha-a*
TÜV	*Technischer Überwachungsverein*	Contrôle technique automobile	*tuff*
U-Bahn	*Untergrundbahn*	métro	*ou-bahn*
UKW	*Ultrakurzwelle*	modulation de fréquence	*ou-ka-vé*
UNO	*United Nations Organization*	ONU	*ouno*
usf	*und so fort*	et ainsi de suite	*se lit in extenso*
usw	*und so weiter*[2]	et cœtera	*se lit in extenso*
UV	*ultraviolett*	ultraviolet	*ou-faou*

[1] Chargé de la (re)privatisation des entreprises de l'ex-R.D.A. ; cet organisme a été remplacé en 1998 par la ZvS.

[2] On trouve aussi fréquemment le doublon *und so weiter und so fort* (*usw. usf.*), dans cet ordre.

VW	*Volkswagen*	?!	*faou-vé*
WAA	*WiederAufbereitungs-Anlage*	Centrale de retraitement des déchets nucléaires	*vé-a-a*
WG	*Wohngemeinschaft*	communauté (étudiants)	*vé-gué*
z.B.	*zum Beispiel*	par exemple	*se lit in extenso*
ZDF	*Zweites Deutsches Fernsehen*	2e chaîne de télévision allemande (publique)	*tsètte-dé-effe*
ZvS	*Zentrale für vereinigungs-bedingte Sonderaufgaben*	Centrale pour missions spécifiques liées à l'unification	*tsètte- fau-esse*
x-mal	[1]	n fois	*tel quel*

Tableau de conversion

Preposition	Conjonction	Adverbe
vor + datif	*bevor* *ehe*	*vorher*
nach + datif	*nachdem*	*nachher* *danach / dann / später*
während + génitif *bei + datif*	*während* *indem*	*dabei*
trotz + génitif	*obwohl* *obschon / obgleich*	*trotzdem* *dennoch*
wegen + génitif	*da* *weil*	*deshalb* *deswegen*
seit + datif	*seit / seitdem*	*seither / seit der Zeit*
zwecks + génitif	*um... zu + infinitif* *damit*	*darum*

[1] Dans des expressions comme *"zum x-ten mal"*, *"ich habe es dir x-mal gesagt"*.

Exemple de fonctionnement du tableau de conversion : "*avant* "

1. Avant, tout était moins cher (*avant* est un adverbe en français déjà !).
Früher war alles billiger

Je l'ai dit avant (on ne dit pas avant qui ou quoi, c'est donc bien un adverbe).
Ich habe es vorher gesagt (var. : *ich habe es als erster gesagt* = en premier, le premier).

2. Avant de partir, tu devrais vérifier tes freins (*avant* est suivi d'un verbe, c'est donc une conjonction, en français déjà).
Bevor du abfährst, solltest du die Bremse überprüfen.

NB : *Bevor abzufahren* est rigoureusement impossible !

3. Avant le départ, vérifie le niveau d'huile (*avant* est suivi d'un nom, il s'agit donc d'une préposition).
Vor der Abfahrt solltest du den Ölstand überprüfen.

■ Différence avec le français : JAMAIS d'INFINITIF avec les conjonctions, comme dans une phrase de type :

Après avoir joué au badminton, il but un jus de pomme.

Il faut :
• 1°) d'abord convertir (d'où le titre de notre tableau) en "Après qu'il a joué..." (on notera que le subjonctif français abusif mais très couramment employé à la suite de "après que" – après qu'il ait joué – disparaît ; d'une manière générale, l'allemand n'emploie PAS le subjonctif là où il y en a un en français !).
• 2°) ensuite transposer en allemand, d'où :

Nachdem er Badminton *gespielt hatte, trank* er Apfelsaft.

Attention : *nachdem* exige un traitement particulier :
Verbe de la principale au présent ⇒ le verbe de la subordonnée avec *nachdem* sera au parfait :

Nachdem *sie die Kritik zum Film* ***gehört hat, geht*** *sie ins Kino.*
parfait — présent

Après qu'elle a entendu la critique du film, elle va au cinéma.

Nachdem *sie die Kritik zum Film* ***gehört hatte, ging*** *sie ins Kino.*
plus-que-parfait — prétérit

Übung 78

Traduisez.

1. C'était mieux avant.
2. On en discutera après
3. Après avoir bu, il devient très humain.
4. Il affirme qu'il n'a pas pris de médicament avant le match.
5. Avant, les gens se parlaient.
6. Avant Internet, les gens se parlaient plus.

Übung 79

Convertissez les passages en italiques selon les indications données (ne négligez pas la ponctuation et les ajustements de temps verbaux éventuellement nécessaires).

1. *Vor der Abreise* kaufte er sich noch schnell die letzte Ausgabe von FOCUS (prép. ⇒ conj.).
2. *Während er im Zug saß und das Magazin las,* schlief er ein (conj. ⇒ adv.).
3. *Wegen der schlecht geschlossenen Tür* konnte der Hamster entkommen (prép. ⇒ conj.).
4. *Trotz des Gesprächs mit seinem Psychologen* hielt der Patient sich immer noch für ein Pferd (prép. ⇒ conj.).
5. *Zwecks besserer Einarbeitung* in das Team musste der Manager ein Bungee-Training über sich ergehen lassen (prép. ⇒ conj.).
6. *Seit er kein EPO mehr einnimmt,* gewinnt er kein einziges Rennen mehr (conj. ⇒ adv.).

SOLUTIONS

Übung 1
1. fordert, 2. fördern, 3. zahlen, 4. zähle

Übung 2
1. Herr Demehl wird am Telefon *verlangt.* 2. Sie hat mich um eine kleine Gefälligkeit *gebeten.* *3.* Konntest du *etwas* Neues erfahren? 4. Einige südliche Länder der EU, wie *etwa* Spanien, fragen sich, ob und wann der Euro zu ihnen kommt. 5. Nach der kosmetischen Operation zeigte sie ihr wahres *Gesicht.* 6. Frankreich versucht, die Erdölvorkommen in der Arktis zu *erschließen.* 7. Der erste *Absatz* des Textes bildet eine Art Einführung. 8. Die meisten Bundesbürger *sortieren* jeden Tag ihren Hausmüll. 9. Als offizieller Autoversorger der Bundesregierung kann Audi sein *Image* pflegen. 10. Den neuen Roman von King finde ich nicht besonders *originell.*

Übung 3
1. Viele Deutsche haben eine Zeitung abonniert (NB : tout en ayant le même sens qu'en français, ce verbe n'est PAS réfléchi en allemand, cf. chapitre "*sich / pas sich*"). 2. Er wurde von seinem Schwiegervater nie so richtig akzeptiert. 3. Gewisse / Einige Firmen (var. : Betriebe / Unternehmen) profitieren von der Krise. 4. Kurz nach dem Start ist die neue Trägerrakete leider explodiert (on notera l'emploi de l'auxiliaire "*sein*" car la fusée, c'est le cas de le dire, a changé d'état). 5. Um Weihnachten konsumiert man am meisten. Um Weihnachten wird am meisten konsumiert (cette tournure passive est fréquemment employée pour ce type d'énoncés, elle met également en jeu le participe 2, d'où l'intérêt de maîtriser ces verbes en *-ieren*).

Übung 4
der Nationalismus / die Krankheit / die Freiheit / der Optimismus / der Krankenschein = feuille de maladie, c'est Schein qui donne son genre masculin au substantif, ce n'est pas un diminutif ! / der Sozialismus / die Schwierigkeit / *die Seilschaft* = la cordée (utilisé souvent au figuré pour désigner des groupes de pression, voire des associations à caractère mafieux regroupant les anciens apparatchiks du parti en RDA). / *das Fläschchen* = le biberon (littéral. : la petite bouteille) ; c'est bien le diminutif de *die Flasche.* / die Freundschaft / *die Hochrechnung* (estimation statistique).

Übung 5
1. GmbH = "gué-aime-bé-Ha" (**G**esellschaft **m**it **b**eschränkter **H**aftung = Sàrl) 2. "bé-aime-vé" 3. "éyds" à l'anglaise. D'une manière générale, les Allemands s'efforcent de respecter la prononciation d'origine. Ce sigle malheureusement mis au cœur de l'actualité désigne la maladie et est dépourvu de genre (les rares occurrences de "das Aids" ne se trouvent guère que dans le SPIEGEL). 4. "bé-esse-éh". Cette abréviation - anglaise une fois de plus, hommage aux envoyeurs - désigne la maladie dite de la vache folle, en fait l'Encéphalopathie **S**pongiforme **B**ovine. On trouve également "*der Rinderwahn*" mais sauf intention satirique affichée les journalistes allemands évitent de parler de "verrückte Kuh" ! 5. "tsètte-dé-eff" = das **Z**weite **D**eutsche **F**ernsehen, désignation de la 2e chaîne - publique - de télévision allemande. 6. eine "dé-aime" Cette abréviation bientôt rendue caduque par l'euro ("œil-rot") est hélas souvent saccagée même et surtout dans nos media nationaux qui s'obstinent à désigner la monnaie allemande sous le nom farfelu de "Deutchmak". Rappelons que quand on tient à décoder le sigle "DM", il convient de dire "Deutsch**e** Mark", le mot étant résolument féminin en allemand. Le Dötschmark semble réellement une invention des journalistes français qui, il est vrai, traitent le chancelier à la plus grande longévité de "colle" (or, le "o" de Kohl est vraiment long). 7. der "i-tsé-é". ICE = **I**nter**C**ity **E**xpress, désignation du TGV allemand. 8. die "ouno". C'est, vous l'aviez deviné, l'**ONU**. 9. der "dé-gué-bé". **D**eutscher **G**ewerkschafts**b**und. La puissante confédération syndicale qui chapeaute les 16 syndicats de la RFA. 10. der "dé-i-ha-té" **D**eutscher **I**ndustrie-und **H**andels**t**ag. Ce *Tag* n'est pas un jour, mais la Fédération des Chambres de Commerce et d'Industrie. 11. Ein FKK-Strand (effe- ka -ka) = **F**rei**K**örper**K**ultur = plage de nudistes. 12. AKW (akavé) = das **A**tom**K**raft**W**erk = centrale atomique. 13. BRD : bé-erre-dé = die **B**undes**R**epublik **D**eutschland = République Fédérale d'Allemagne. 14. EDV : é-dé-faou = die **e**lektronische **D**aten**V**erarbeitung = traitement électronique des données, sigle au moins aussi usité que le substantif

die Informatik. 15. DDR : dé-dé-erre = die **D**eutsche **D**emokratische **R**epublik = République démocratique allemande (et non d'Allemagne !).

Übung 6

neunzehnhundertachtundsechzig
am zehnten zwölften neunzehnhundertneunundneunzig (eh oui, il ne faut pas négliger, dans la lecture de dates le plus souvent libellées par un simple point, la lecture des ordinaux en tant que tels).
ab ersten siebten zeitausendfünf (zweitausendundfünf).
zweiundachtzig (variante vernaculaire : zwo-und-achtzig, car dans de nombreuses régions, on entend zwo pour zwei, ce qui, soit dit en passant rétablit le juste rapprochement avec son homologue anglais *two*).
fünfundvierzig Prozent
neun Mark siebenundneunzig (ce type d'affichage de prix attrape-gogos est très fréquent).

Übung 7

äußerlich (= extérieur, en apparence) / häufig (= fréquent / fréquemment) / das Gebäude (le bâtiment)
der Säugling (le nourrisson) [notez en passant le genre, cf. paragraphe "mauvais genres"] / religiös / Wale sind die größten Säugetiere des Planeten (les baleines sont les plus grands mammifères de la planète) / die Verkäuferin (la vendeuse) [un classique, car le verbe d'origine, "verkaufen" ne prend JAMAIS de "]
träumen (rêver)
liebäugeln... flirter ("faire de l'œil")

Übung 8

Pluriels : die Mäuse (les souris) / die Läuse (les poux) / die Autounfälle (les accidents de voiture) / die Bäuche (les ventres) / die Schläuche (les tuyaux)

Übung 9

Der Coca-Cola-Lieferant gönnt sich *ein Päuschen.* (le livreur de Coca se paie une petite pause) [Notez le genre - neutre - du diminutif et rappelez-vous la prononciation "peuille-s-cheunne"]
Er war nur noch ein *kleines Häuflein Elend.* (il ne faisait plus le fier)
Heute sollte man die Bezeichnung "*Fräulein*" in Büros tunlichst meiden. (de nos jours il convient d'éviter le plus possible dans les bureaux l'appellation "mademoiselle")

Übung 10

gläubig (= croyant) [cf. aussi *leichtgläubig* = crédule]
bläulich (= bleuâtre)

Übung 11

Die Tür müsste wieder einmal *geölt* werden. (il faudrait de nouveau graisser la porte)
Warum hast du das Fenster *geöffnet*? (pourquoi as-tu ouvert la fenêtre ?)

Übung 12

	LONGUE	BRÈVE	
1. Die Rättin ist tot	X	ä	
		o	X
2. Ein guter Rat	u	X	
		a	X
3. Der Himmel über Berlin	X	i	
		ü	X
		i	X

Übung 13

1. Leonardo sagte zu Kate, er *liebe* sie. 2. Wenn das Wetter schön ist, *geht* Yves *gern* auf den Champs-Elysées *spazieren.* 3. Nach dem ersten Tango wusste sie: sie *mochte* sein Parfum nicht. 4. Wenn ein Bayer sagt, "I mog di", meint er in Wirklichkeit: "Ich *liebe* dich." 5. *Mögen* Sie Brahms? 6. Nein, ich *ziehe* dies*em* Komponisten Beethoven *vor.* 7. Meine Großmutter liest *am liebsten* Krimis. 8. Die wenigsten Menschen *fahren gern* nachts. 9. Wenn ich Rückenschmerzen habe, *trage* ich *ungern* schwere Taschen (var. : ungern).

Übung 14

1. Ich lasse mir nicht gern / nur ungern auf die Füße treten! 2. Nicht alle Kinokritiker haben den Asterix-Film gemocht. 3. Was möchtest du am liebsten kosten / probieren? 4. Die Senatoren zogen es vor, keine überstürzte Entscheidung zu treffen. 5. Dieser Pilot fährt lieber ausländische Autos. Dieser Pilot bevorzugt ausländische Wagen / Autos. Dieser Pilot zieht ausländische Autos vor.

Übung 15

1. Man merkt sofort, dass der junge Franzose bei Bollettieri spielen *gelernt* hat. 2. Der arme Lehrer hat vergeblich versucht, uns die Deklinationen *beizubringen.* 3. Der Pilot musste den Passagieren *mitteilen*, dass das Fahrgestell defekt war.
var. : die Passagiere *davon unterrichten,*
4. Nach der Geburt ihrer Enkelin hat sie sofort allen Nachbarn die gute Nachricht *mitgeteilt.* 5. Wie hast du den Tod Dianas *erfahren*? (var. : Vom Tod Dianas erfahren).

Übung 16
1. Mein Sohn hat in fünf Tagen schwimmen gelernt. 2. Dieser Lehrer bringt mir die Informatik bei (führt mich in die EDV ein = m'initie à). 3. Ich habe ihm / ihr das Fahren beigebracht 4. Er hat die gute Nachricht durch ein Telegramm erfahren. 5. Zahlreiche / Viele Fernsehzuschauer haben durch Zufall erfahren, dass der Franzose Dimitri Kirilenko gewonnen hatte. 6. Dieser Zeitungsartikel hat den Lesern die Wahrheit mitgeteilt (var. : verraten = révélé).

Übung 17
1. Da sie auf Skiern noch Anfängerin war, konnte sie nur kurz vor der Terrasse *halten / stehenbleiben*. 2. Wenn ich eine Schachtel Pralinen öffne, kann ich nicht mehr *aufhören*, bevor sie leer ist! 3. Kommissar Maigret *verhaftete* den Betrüger in dessen Villa (*nahm ... fest*). 4. Der Regisseur hatte anscheinend Mühe, seinen Liebesfilm zu *beenden*. 5. Die Straßenbahn *hält* direkt vor dem Bahnhof. 6. Sie war so nervös, dass sie nicht *aufhörte*, an ihren Fingernägeln zu kauen. 7. Der australische Schlussmann *stoppte* den südafrikanischen Stürmer in letzter Sekunde.

ÜBUNG 18
1. Die Chancen *sinken*, dass die Steuern *gesenkt* werden. 2. Seit die Alkoholkontrollen verschärft wurden, *ist* die Zahl der Unfälle deutlich *zurückgegangen*. 3. Der Umsatz dieser Möbelfirma *steigt* stetig. 4. Die Frau des neuen Wirtschafts-und Finanzministers hat versprochen, ihr Mann werde die Einkommensteuer *senken / reduzieren / herabsetzen*. 5. Das Interesse der Zuschauer für Talk-Shows *ist* in den letzten Monaten stark *zurückgegangen* (*hat... abgenommen*).

ÜBUNG 19
1. Seit ein paar Wochen *sinken* die Erdölpreise. 2. Es ist aber typisch, dass die Benzinpreise für den Normalverbraucher nur *steigen*.

Übung 20
1. Viele Leute / Zahlreiche Menschen sind sich der Gefahren der Zigarette bewusst. 2. En as-tu conscience ? En es-tu conscient ? 3. Er ist sich seiner Stärke / Kraft nicht bewusst. 4. Le supporteur de foot but jusqu'à en perdre conscience. 5. Nach seinem Unfall hatte er ein schlechtes Gewissen / kein gutes Gewissen. 6. Nach seinem Unfall war er nicht ganz bei Bewusstsein / bei vollem Bewusstsein. 7. Die Auflösung des Parlaments in dieser Situation ist eine leichtsinnige Maßnahme gewesen.

Übung 20
1. Er hat mich gefragt, ob ich den Film gemocht habe. 2. Sie hat mich um eine Zigarette gebeten. 3. Frag(e) sie, ob sie bei ihren Eltern wohnt. (wohne, subj. 1 éventuellement) 4. Ich verlange von Ihnen, dass Sie pünktlich sind. 5. Das erfordert beträchtliche finanzielle Mittel. 6. Ich habe ihn / sie gebeten, auf mich zu warten (on peut insérer "darum" : ich habe ihn darum gebeten, auf mich zu warten). 7. Diese Sportart erfordert / verlangt viel Schneid (der Mut = le courage / die Tapferkeit = témérité / die Kühnheit = audace). 8. Ich möchte dich etwas / was fragen. 9. Weißt du, wie man nach der Uhrzeit fragt?

Übung 21
1. Wenn ich es vorher gewusst hätte, hätte ich es mir *anders* überlegt. 2. Bei dem Festessen gab es *verschiedene* Sorten exotisches Gemüse. 3. Es war nicht *anders* zu erwarten! 4. Im Grunde vertreten beide Kanzlerkandidaten nicht so grund*verschiedene* Ansichten.

Übung 22
1. Die alte Dame *macht* jeden Tag Kreuzworträtsel. 2. Nach dem Treffen mit Mike Tyson *tat* dem US-Boxer sein rechtes Ohr weh. 3. Wo bist du gewesen, was hast du den ganzen Nachmittag *getan*? 4. Mach das Fenster auf, es *ist* so heiß hier drin wie in einer Sauna! 5. Die meisten Jungen *fahren* heutzutage Mountain-Bike oder Skateboard.

Übung 23
1. Es ist dunkel in diesem Raum. 2. Sie könnten doch aufpassen! 3. Es ist nicht so kalt wie letzten Monat. 4. Immer mehr junge Leute studieren im Ausland. 5. Sie hat ihre Arbeit in 5 Minuten gemacht (var. innerhalb von fünf Minuten erledigt).

ÜBUNG 24
1. Da sie ERST 11 Jahre alt sind, dürfen sie den Film nicht sehen. On peut supposer que leur vie va se poursuivre malgré leur frustration ! 2. Ich hatte ERST 5 Stunden geschlafen, als der Lärm der Explosion mich geweckt hat. On aurait bien voulu (on présuppose) que le sommeil se poursuive. 3. Ich habe NUR 5 Stunden geschlafen, weil ich zuviel Kaffee getrunken hatte. Le sommeil est définitivement, irrémédiablement interrompu. 4. Beim Berliner Marathon war er NUR 32 km gelaufen, er schaffte keinen Meter mehr. Il a arrêté sa course au km 32, il n'a pas repris. 5. Beim New Yorker Marathon war er ERST 32 km gelaufen, als er einen fürchterlichen

Krampf in der linken Wade verspürte. Au km 32 une vilaine crampe au mollet gauche l'a fait souffrir, mais il a serré les dents et continué.

ÜBUNG 25

1. Elle n'a pu avoir qu'un enfant. NUR : la phrase implique nettement qu'elle n'en aura jamais d'autre. **2.** A 15 heures, ils étaient seulement 150 manifestants sur la place. ERST : sous-entendu, il y en a eu plus par la suite, d'autres sont venus. **3.** Il n'a que 16 ans. nERST : rien ne permet de supposer un fin tragique de cette jeune existence, d'autant que le présent est positif à cet égard. **4.** Le président n'est arrivé qu'à 16 heures. ERST : pas plus tôt que, point précis sur l'axe du temps. **5.** Le plombier ne peut venir que le mercredi **16.** NUR : aucune autre possibilité, limite définitive, exclusive, il n'est pas possible de transiger. **6.** A 19 ans, la mère de Bach n'avait que trois enfants. ERST : la culture personnelle de tout un chacun permet d'affirmer clairement qu'elle a eu d'autres enfants.

Übung 26

1. Bei seiner Konferenz *sprach (spricht)* der Historiker *über (von)* Pompei. **2.** Der Obelix-Darsteller *erzählte* d*em* Reporter stundenlang *von* sein*er* Begegnung mit Laetitia. **3.** Am Telefon *erzählt* sie ihr*er* Kusine *von* ihr*em* neuen Verlobten. **4.** "Guten Tag, Herr Kong, kann ich *Sie sprechen*? **5.** Könnten Sie deutlicher wiederholen, was Sie mir *gesagt* haben?
6 In diesem Text ist *die Rede von* ein*em* neuen Recycling-Verfahren für Altöl.

Übung 27

1. Trotz aller Mühe *gelang es ihm* nicht, seine Schwester *zu* überzeugen, ihm den BMW zu leihen. **2.** Viele hoffen, daß sie dank Memorol ihr Examen *bestehen* werden. **3.** Ohne Becker hat *es* die deutsche Davis-Cup-Mannschaft nicht *geschafft*, die Russen zu schlagen. **4.** De*m* italienisch*en* Fotograph*en ist es gelungen*, ein Foto von Lady Di mit einem ihrer Liebhaber *zu* machen.

Übung 28

1. Mit neun Monaten *konnte* die kleine Uschi schon laufen. **2.** *Könnten / Können* Sie Ihren Namen bitte buchstabieren? **3.** Sie crawlt gut, aber am besten *kann* sie Schmetterling schwimmen. **4.** *Kenn*st du die Hauptstadt von Tansanien? **5.** Was *weißt* du über Yehudi Menuhin?

Übung 29

1. Trotz harten Trainings hat der Engländer den amtierenden Weltmeister nicht besiegen *können*. Structure dite du double "infinitif", en fait participe 2 des modaux (cf. Chapitre modaux). **2.** Wer von euch *kennt* sich in Informatik aus? **3.** Wer von euch *kennt* einen zuverlässigen Klempner? **4.** Entschuldigung, *können* Sie mir sagen, wie spät es ist?

Übung 30

1. Selbst wenn ich allein bin, fühle ich mich nie einsam. **2.** Das ist (wohl) der einzige Fehler / Irrtum, den man nicht begehen darf / sollte. **3.** Er war der einzige, der mir gratulierte. **4.** Er ist bestimmt der einzige Sportler; der kein EPO eingenommen / zu sich genommen hat. **5.** Es ist wohl das einzige Argument, das man vor diesem Richter nicht vorbringen sollte.

Übung 31

1. Sie sieht sich / schaut sich zuviele Variété-Sendungen an (im Fernsehen est facultatif). **2.** Zahlreiche Zuschauer fragen sich, wofür man sie hält (Fernsehzuschauer est une variante). **3.** Die modernen Fernseher sind immer zuverlässiger (variantes : Fernsehapparate / Fernsehgeräte). **4.** Zuviel Fernsehen macht dumm.

Übung 32

1. Kaiser Nero war ein *gewalttätiger* Herrscher. **2.** Bei der Debatte gestern fielen äußerst *brutale* Worte. **3.** Die Busfahrer der Vororte von Marseille streiken, weil wieder einmal eine Gruppe von *gewalttätigen* Rowdys einen ihrer Kollegen angegriffen hatte. **4.** Derrick gehört wirklich nicht zu den *brutalsten* Krimiserien des deutschen Fernsehens!

Übung 33

1. Nach dem guten Essen im Drei-Sterne-Restaurant sagte der Gastronom: "Ich komme garantiert *wieder*!" **2.** Vor seiner Nordpolüberquerung versicherte der französische Arzt: "Ich komme garantiert *zurück*!" **3.** Die unzufriedene Kundin zum Verkäufer: "Ich will mein Geld *zurück*!" **4.**" Ich trinke nie *wieder* Whisky mit Bier!", sagte der Ire zum Deutschen nach dem St-Patrick-Fest.

Übung 34

1. Dieser Text ist ein Artikel aus der FAZ. **2.** Es ist ein preiswerter Wagen. **3.** Dieser Junge ist ein guter Schüler. **4.** Er ist ein Mann, der sich nicht einschüchtern läßt.

Übung 35

1. Was ist *dir* denn eingefallen? **2.** Es ist *ihm* gelungen, das Vertrauen seiner Kollegen zu gewinnen. **3.** Ich bin *ihm* gestern nachmittag im Kino begegnet. **4.** Er versteht nicht, daß (dass) man *ihm* jetzt kündigt. **5.** Es fehlt *mir* eine peruanische Briefmarke aus dem Jahre 1922. **6.** Dir kann wirklich nicht geholfen werden! (On notera que dans ce type de phrase au passif, le sujet du verbe est... au datif, ce qui peut bouleverser quelques idées reçues, cf. le chapitre sur le passif).

Übung 36

1. "En tant que spécialiste je peux vous rassurer. **2.** La maladie de votre fils est moins grave que nous ne le craignions." **3.** Les parents furent soulagés lorsqu'ils apprirent cette nouvelle (var. : en apprenant cette nouvelle). **4.** Leur fils faisait toujours comme s'il n'en savait rien.

Übung 37

1. Er ist dümmer als die Polizei erlaubt. ALS comparatif : le *-er* est très explicite (littéral. : plus bête que la loi ne l'autorise, expression fréquente en allemand vernaculaire). **2.** Als Aufsichtsbeamter ist es seine Aufgabe, gegen Fusionen einzuschreiten. En tant que, en qualité de (allusion au *Bundeskartellamt*, Office fédéral chargé de contrôler et limiter les fusions abusives aboutissant à des situations monopolistiques). **3.** *Als das Telefon nicht klingelte, wusste ich, dass du es bist. Lorsque, quand* car *klingelte* est au parfait et à la fin (méditez la valeur implicite du *nicht* !).

Übung 38

1. Nachdem Sie sich im Haus umgesehen haben, können Sie mir sagen, ob Sie es kaufen. **2.** Nachdem das Spionageflugzeug den Irak überflogen hatte, sendete es Bilder zur UNO-Schaltzentrale. **3.** Nachdem das große Stadion fertig gewesen war, spielten zwei Amateurmannschaften darauf. **4.** Nachdem die Sekretärin den ganzen Text getippt hatte, ist der Computer wieder einmal ausgefallen.

Übung 39

1. Der Tenor war danach nicht mehr derselbe (er selbst). **2.** Nach der Schönheitsoperation war der Tenor nicht mehr derselbe. **3.** Der Tenor war nicht mehr derselbe, nachdem man ihm das Fett abgesaugt hatte.

Übung 40

1. der Köln*er* Dom. **2.** Im schön*en* Köln*er* Dom (*schön* = épithète classique, donc déclinée). **3.** Sie stand an der Berlin*er* Mauer. **4.** Nach dem Fall der tragisch*en* Berlin*er* Mauer (*tragisch* = épithète classique). **5.** Ich tanze gern Wien*er* Walzer. **6.** Der Moskau*er* rot*e* Platz steht leer (*rot* = épithète classique). **7.** In den früh*en* sechzig*er* Jahren (*früh* = épithète classique). **8.** In den spät*en* Sechzig*ern* (*spät* = ép. class. ; quand à *Sechziger*, c'est un substantif et NON un adjectif, il prend donc légitimement le marquage *-n* du datif pluriel). **9.** Sie fährt ein *prima rosa* Cabrio (les 2 adjectifs sont invariables). **10.** Warum setzt du immer eine rosarot*e* Brille auf? (*rosarot* se décline, car c'est, comme toujours en allemand, le terme le plus à droite qui porte le sens et la marque, or c'est ici *rot*, épithète classique).

Übung 41

1. Es ist eine kompliziertere Frage. **2.** Der Porsche ist ein teurerer Wagen (en effet : *teuer* + *-er* = *teurer*, à quoi s'ajoute la désinence du nominatif masculin singulier *-er* qui correspond au déterminant *der*). **3.** Das Schaf Dolly wird seiner Mutter immer ähnlicher. **4.** Das dürfte ein kleinerer Fehler sein. **5.** Ich kenne keinen besseren Klavierspieler.

Übung 42

1. Das ist ein besseres Ergebnis als vor 10 Jahren. **2.** Jetzt wo du es mir erklärt hast, ist alles klarer. **3.** Der Dinosaurierfilm von Spielberg ist nicht so lang wie sein neuester Kriegsfilm. **4.** Sie würde lieber noch eine Woche auf Teneriffa bleiben. **5.** PCs (= Personalcomputer) sind heute so billig wie noch nie! **6.** In der normalen Welt fällt eine Petanque-Kugel schneller als ein Tennisball.

Übung 43

1. Je öfter dieser Radprofi lügt, desto weniger glaubt man ihm. **2.** Je kleiner das Auto ist, umso nützlicher sind Front-und Seitenairbags. desto

Übung 44

1. Die Studenten sind *auf* die Straße gegangen. **2.** Wegen seiner Erkältung blieb der alte Mann *zu Hause*. **3.** Sag mal, du hast nicht zufällig eine Telefonkarte *bei* dir? **4.** Sie weigert sich, *aus* derselben Tasse wie ihr Nachbar zu trinken. **5.** Diese Behauptung ist *aus* folgenden Gründen anfechtbar.

Übung 45

1. Mit deiner furchtbaren Frankenstein-Maske *hast* du mich vielleicht *erschreckt*! **2.** In diesem neuartigen Sessel *sitzt* man sehr bequem. **3.** Der Brite *schwamm* in knappen 6 Stunden über die Meeresenge. **4.** Die *Titanic ist* im Jahre 1912 bei ihrer Jungfernfahrt *gesunken*. **5.** Der neue Wirtschafts-und Finanzminister in einer Person *senkte* die Steuern nicht wie versprochen. **6.** Jedesmal wenn sie sich im Spiegel sieht, *erschrickt* die alte Hexe. **7.** Nachdem der Prinz sie geküsst hatte, *erwachte* Dornröschen zu neuem Leben. **8.** Mit der korrigierten Version der A-Klasse *fuhr* er sicher zur Arbeit. **9.** Guten Tag, meine Herren, was *führt* Sie zu uns?

10 Eine Ananas *fiel* vom Baum auf seinen Kopf, also *fällte* er den Baum.

Übung 46

1. Ausgefeilte Marketingmethoden *regen* den Durchschnittsbürger fast immer *zum Kauf an.* **2.** Inspektor Colombo hat eine besondere Art, Verdächtige *zum Reden zu bringen.* **3.** Auf der Karnevalssitzung fragte der Redner: "Sollen wir den nächsten Komiker *hereinkommen lassen*?" **4.** In der Disko ließ Gabi einen aufdringlichen Anmacher mit den Worten abblitzen: "*Vergiss es* !"

Übung 47

1. Wie kann / soll man über die Vergangenheit reden? **2.** Dieser betrunkene Autofahrer behauptet, dass er sich an nichts erinnert (er wüsste von nichts mehr). **3.** Er sagt, dass er nicht weiß, wie er nach Hause gekommen ist. **4.** Sie ist die einzige, die nicht weiß, wie man einen Computer benutzt (bedient). (die Einzige) **5.** Auf der Bühne weiß der Schauspieler nicht mehr, wie er spielen soll. **6.** Bill oder Monica, wem soll man glauben? (La forme *wem* s'explique par l'emploi du verbe glauben qui réclame ce datif)

Übung 48

morgen / noch / wenn

Übung 49

1. Der Bundesumweltminister ist sich dessen sicher: "Alle 19 Kernkraftwerke *stehen* bis zum Jahr 2000 *still.* **2.** Hoffentlich *schneit* es noch viel! **3.** Du *wirst* dein blaues Wunder *erleben*! **4.** Die Turnerin *wird* große Fortschritte *machen müssen.* **5.** Im Jahr 2032 *gibt* es garantiert wieder eine prächtige Goethe-Jubiläumsfeier. **6.** Die nächste Maschine nach Singapur *fliegt* erst in 2 Stunden *ab.*

Übung 50

1. Es wird ein Unwetter / Gewitter geben. **2.** Wer zuletzt lacht, lacht am besten. **3.** Du nimmst / trinkst doch noch ein Glas / Gläschen? **4.** Dieses arme Schwein wird nie eine Sau sehen / zu Gesicht bekommen.

Übung 51

1. *Es hat* in diesem Jahr eine große Ananas-Ernte *gegeben.* **2.** Ende Februar wird es einen Kompromiss zwischen Arbeitgeberverbänden und Gewerkschaften geben. **3.** Bei diesem Rugby-Spiel *hatte es* Proteste gegen die Entscheidung des schottischen Schiedsrichters *gegeben.* **4.** Warum *hat es* dieses Medikament nicht schon früher *gegeben*?

Übung 52

1. Die fremde Katze hat *seit* zwei Tagen nichts gefressen. **2.** *Es gibt* keinen großen Unterschied zwischen Blaukraut und Brautkleid. **3.** Von hier aus *sind es* nicht ganze 2 Km bis zur ADAC- Hilfsstation. **4.** Es *ist* lange *her,* dass (= daß) die albanische Nationalelf kein Tor geschossen hat. Var. : Es *ist* lange *her, seit* die albanische Nationalelf *ein* Tor geschossen hat. **5.** Auf dem Sofa *lag* ein Gameboy. **6.** Die Mona Lisa *befindet sich* im Musée du Louvre in Paris. (*hängt*). **7.** Eine hässliche Vase *steht* auf dem Tisch.

Übung 53

1. Ich *kann* im April nur wenig skifahren, ich *muss* meine Knie schonen. **2.** Deine Schwester *soll / sollte* nicht immer auf anderer Leute Meinung hören. soll = presqu'une interdiction / sollte = plutôt un conseil, une recommandation **3.** Auf dem Schild steht "Parken verboten", also *dürfen* Sie hier nicht parken! **4.** Jutta *darf* nicht ins Kino, sie hat zu schlechte Noten. **5.** Wo *willst* du hin? **6.** Ach Mutti, bitte, warum *muss* ich gerade jetzt Cello üben? **7.** Der Bundeskanzler *muss(will)* unbedingt vermeiden, dass seine Minister sich untereinander in der Öffentlichkeit streiten.

Übung 54

1. Guten Tag, ich *möchte* diese Perlenkette kaufen. **2.** Erst nach 2 Wochen *mochte* sie wieder mit ihm reden. **3.** Tut mir leid, ich *habe* sie nicht kränken *wollen* (en effet, 3 verbes). **4.** Tut mir leid, ich *habe* es nicht *gekonnt.* **5.** Ihr *dürft* nicht immer vor der Tür rumstehen! **6.** Der Tierarzt *hat* dem armen Schaf nicht mehr helfen *können.*

Übung 55

1. Es *mochte* ca. halb 8 gewesen sein, als er den Schuss hörte (*muss* et *dürfte* également possibles). **2.** Die Nachbarin *will* den Täter nicht nur gesehen, sondern auch erkannt haben. **3.** Unsere neue Deutschlehrerin *mag* 24 sein. **4.** Da er zuviel getrunken hatte, geschah, was geschehen *musste.* **5.** Ich kenne den Stil dieses Schachspielers sehr gut: so einen Fehler *kann* er nicht gemacht haben. **6.** Für einen so starken Mann wie Arnold *dürfte* es nicht schwer sein, ein Klavier ins Wohnzimmer zu tragen.

Übung 56

1. Anke *soll* der neue Star am deutschen Tennis-Himmel *sein.* **2.** Sie *will* die ganze Diskussion genau *gehört haben.* **3.** Martina *muss* krank *sein.* **4.** Bei diesem Spiel muss man raten, wieviel dieser Videorecorder *kosten mag.*

Übung 57

1. Nicht ich sondern mein Bruder wird dir helfen können. **2.** Er hatte *nur noch* einen einzigen Trumpf (= atout). **3.** *Weder* sie *noch* ihre Schwester wird mit ihm tanzen. **4.** Vor dem Abflug wusste er *noch nicht,* in welchem Hotel er übernachten würde. **5.** Den neuen Audi hat er *nicht* gekauft, *sondern* geleast.

Übung 58

1. Der *dritte* Mann 2. Wir haben den *achtzehnten* September. 3. Er ist *dreiundvierzigster* geworden. 4. Das passiert dir nun schon zum *zweiten* Mal / Es ist nun schon das *zweite* Mal, das dir sowas passiert. 5. Die Donau ist der *drittlängste* Fluß auf deutschem Boden. 6. Sie sind *zu siebt* im kleinen Smart angekommen. 7. Dieses *Viert*el ist mir nicht geheuer. 8. *Jeder zehnte* Mann braucht die kleine blaue Pille.

Übung 59

1. Dieses schöne Schloss *hat* einmal der Prinzessin von Thut-und-Taugtnix gehört. 2. Wo *bist* du denn die ganze Zeit gewesen? 3. Ich *habe* den Skoda in die Werkstatt gefahren. 4. Diese Dramatisierung der Lage *hat* der Krisenstab nicht erwartet. 5. Der Eisberg *hat* den Luxusliner gerammt. 6. Daraufhin *ist* das Passagierschiff in wenigen Stunden mit Maus und Mann gesunken. 7. Der alte Mann *hat* den Skatefahrer nicht kommen sehen. 8. Nach der Operation *hat* sich der Chirurg die Hände gewaschen. 9. Um wieviel Uhr *seid* ihr heute Morgen aufgestanden? 10. Der Pferdeflüsterer *hat* den ganzen Nachmittag auf dem schwarzen Pferd geritten (l'homme qui murmurait...).

Übung 60

1. Diese Teller können nicht in der Maschine gespült werden. 2. Dieses Auto ist von seinem ersten Besitzer so gut wie nie benutzt worden. 3. In diesem Bereich des Restaurants darf nicht geraucht werden. 4. Die Kosten der Nachrüstung werden selbstverständlich von der Firma Mercedes übernommen. 5. Transformation impossible, car le verbe "sich freuen" n'est PAS transitif (cf. en français, on ne pourrait pas dire non plus "La coupe du monde est réjouie par le onze" !). 6. Seine trübe Vergangenheit wurde lange verschwiegen.

Übung 61

1. Il va falloir enfin se mettre au travail à présent ! (var. : Au boulot !). 2. Dieses Problem wird oft verschwiegen. 3. Er hat Angst (davor), von einer giftigen Schlange gebissen zu werden. 4. Wann wird der Schnee endlich weggeräumt? 5. Cette entreprise est paralysée / frappée par une grève (on notera qu'en allemand, il existe un verbe actif, transitif pour exprimer l'acte volontaire consistant à faire grève, bestreiken). 6. Trotz der Gefahr für die Gesundheit wird weiter geraucht. 7. La publicité pour les cigarettes doit être proscrite à l'avenir dans l'UE.

Übung 62

Pays / continent	Der	Die	Das	Die pluriel	Ø
Frankreich					X
Europa					X
Österreich					X
Niederlande				X	
Deutschland					X
BRD		X			
Schweiz		X			
Schweden					X
USA				X	
Nordamerika					X

Übung 63

1. Ich weiß noch nicht, ob ich diesen Sommer *nach* Finnland oder (*nach*) Großbritannien fahre (le 2^{e} nach est en effet facultatif, il peut y avoir factorisation). 2. Fast alle Touristen kaufen *in der* Schweiz Schokolade (ils y sont, d'où datif, or *die Schweiz* demande son article). 3. Die französischen Austauschschüler wären gern noch eine Woche länger *in der* Bundesrepublik geblieben. 4. Wenn man heute *nach* Spanien, *(nach)* Portugal oder *(nach)* Griechenland reist, braucht man als Eurobürger keinen Pass mehr. 5. *Im* Elsass gibt es nicht mehr soviele Menschen, die Deutsch sprechen (en effet, les Alsaciens y sont, donc datif + *das Elsass* qui revendique son article). 6. Nur wenige Touristen werden in der nächsten Zeit *im* Iran oder Irak ihre Ferien verbringen wollen. 7. *In den* Vereinigten Staaten finden bald Wahlen statt. 8. Die meisten importierten Computer kommen *aus* Japan oder (*aus*) Südkorea. 9. Obwohl es *in* Irland oft regnet, sind die Einwohner sehr freundlich. 10. *Auf* Korsika ist das Wetter schon im Frühling ziemlich angenehm (c'est une île, en tant que telle, elle a droit à la préposition *auf*).

Übung 64

1. (Die) Schweizer können oft Französisch, Deutsch und Italienisch (sprechen). 2. Die Türkei möchte zur Europäischen Union gehören / der EU angehören. 3. Können Sie / Könnt ihr das auf Russisch oder Spanisch sagen? 4. Französisch soll eine musikalische Sprache sein (Franz. ist eine musik. Sprache, heißt es / sagt man). 5. In Dänemark wie in Schweden beherrschen viele Leute das Englische.

Übung 65

1. Das kleine Mädchen hatte große Angst, ihren Fehler zuzugeben 2. Meine Nachbarin ist nach Paris gefahren, um den Eiffelturm zu sehen. 3. Zahlreiche Arbeitnehmer wurden aus wirtschaftlichen Gründen entlassen. 4. Er spricht ziemlich laut, damit alle ihm zuhören (damit jeder ihm zuhört). 5. Das Boot (var. : Der Kahn) ist zu klein, als dass wir alle Platz darin fänden. 6. Zum ersten Mal haben sich die beiden Männer die Hand gereicht (NB :

on notera l'absence de virgule entre l'expression adverbiale *zum ersten Mal* et le corps de la phrase).

Übung 66

1. Die meisten Deutschen haben eine Tageszeitung abonniert. **2.** Wie heißt denn unser neue Chef? **3.** Um wieviel Uhr bist du gestern abend ins Bett gegangen? **4.** Galileo Galilei sagte nach seinem Prozess: "Und sie bewegt *sich* doch !" **5.** Ich bin heute sehr früh aufgestanden. **6.** Der Fußballspieler schämt *sich*, daß er den Elfmeter (= pénalty) verschossen hat. **7.** Es haben *sich* zahlreiche Kandidaten auf unsere Annonce beworben. **8.** Die junge Schwimmerin trainiert schon für die Olympiade in Athen. **9.** Nach einer Stunde hat der Regen aufgehört. **10.** Nach ihrer Arbeit geht sie gern in der Innenstadt spazieren.

Übung 67

1. In zwei Jahren (Innerhalb von zwei Jahren) hat sich sein / ihr Charakter stark geändert! **2.** Was ist denn passiert (var. : geschehen)? **3.** Sie hat einen Vegetarier geheiratet. **4.** Ich mißtraue (= misstraue) jemandem (var. : einem Mann), der sich in eine schöne Pflanze verliebt. **5.** Frauen kämpfen für die Gleichberechtigung.

Übung 68

1. Andreas wartete geduldig *auf* sein*en* klein*en* Bruder. **2.** Der Nobelpreisträger arbeitet zur Zeit *an* ein*em* neuen Medikament. **3.** Nur die allerwenigsten Menschen könnten lange Zeit *auf* ihr*en* Fernseher verzichten. **4.** Dieser Text besteht *aus* drei sehr lang*en* Absätzen. **5.** Niemand weiß so genau, wo*für* der Junge sich interessiert (on notera que même dans cette structure relative, la construction verbale est maintenue). **6.** Der Film endet *mit* ein*er* etwas kitschigen Szene. **7.** Man kann das deutsche Steuersystem schwer *mit dem* französischen vergleichen. **8.** Die Studenten denken viel *über* ihre Zukunft *nach*. **9.** Jamaika verfügt nicht *über* viel Gebirge. **10.** Dürfte ich Sie *um* ein*en* großen Gefallen bitten?

Übung 69

1. Dieses neuartige Schmerzmittel wirkt auch bei Tieren.NON. Die Erklärung bewirkte heftige Proteste (la déclaration suscita des protestations véhémentes). **2.** Er trat mit Herzklopfen in den Prüfungsraum ein. OUI : Er betrat den Prüfungsraum mit Herzklopfen (guère de changement de sens). **3.** Sie streitet (sich) gern mit ihrem Mann über die Ferien. NON. bestreiten a un tout autre sens : Sie bestreitet, das gesagt zu haben (elle conteste avoir dit cela). **4.** Die Schäferhündin wacht aufmerksam über ihre 6 Welpen. OUI : Die Schäferhündin bewacht aufmeksam ihre Welpen (glissement de sens : bewacht = surveille, implique qu'ils sont plutôt indisciplinés et nécessitent un contrôle, wachen über = veiller sur est plus affectueux). **5.** In Südafrika fährt man links. NON. befahren a un emploi et un sens différents : Diese Strecke ist stark befahren (sur ce tronçon, la circulation est dense). **6.** Die Römer fürchten sich vor einem Überfall der Gallier. OUI : Die Römer befürchten einen Überfall der Gallier.

Übung 70

1. Die Zuschauer *sitzen* auf etwas zu engen Sitzen. **2.** Die Mutter setzte ihre 2jährige Tochter in den Schalensitz des Volvos. **3.** Könntest du aufstehen? Du sitzt nämlich auf meinem Hut! **4.** Während des ganzen Films hat er ruhig gesessen (variante méridionale : ist er gesessen). **5.** Der Trainer fragte seine Spieler: "Sitzt ihr bequem?"

Übung 71

1. Die Katze sitzt geduldig vor dem Loch. **2.** Es ist besser, sein Kind in einen geeigneten Sitz zu setzen. **3.** Leg deinen Taschenrechner auf den Tisch! **4.** Die Chips liegen im Gras.

Übung 72

Il ressort de la dernière / récente analyse de l'Institut pour les Nouveaux media que la plupart des Allemands sont abonnés à au moins un quuotidien.

Übung 73

1. Das ist bestimmt der *kälteste* Winter seit langem. **2.** Der finnische Formel-1-Fahrer ist der *ruhigste* Mensch, den man im Motorsport je erlebt hat. **3.** Sie war die Tänzerin mit der *unmöglichsten* Frisur. **4.** Mozart war mit Sicherheit das *begagteste* Musikgenie seiner Generation. **5.** Diese Fensehsendung fanden zahlreiche Zuschauer *am langweiligsten*. **6.** Dieser Imitator macht die Stimme des Bundeskanzlers *am besten* nach. **7.** In diesem On-line-Katalog haben Sie die *größtmögliche* Auswahl. **8.** Dieser Basketballspieler gehört zu den *bestbezahlten* seines Clubs. **9.** Beim *nächsten* Mann wird alles anders, lautet der Titel eines deutschen Bestsellers der 80er.
10. Am Nordpol ist das Ozonloch *am weitesten*.

Übung 74

1. Der GAU von Tschernobyl war der *schwerste* Störfall der Atomgeschichte. **2.** Die Waren können *frühestens* in 2 Wochen geliefert werden. **3.** Grüßen Sie Steffi *herzlichst* von mir! **4.** Die BILD-Zeitung ist *die meistgelesene* deutsche Tageszeitung. **5.** Ich bin gleich fertig, ich brauche *höchstens* noch 5 Minuten! **6.** Jeder ist sich selbst der Nächste (on n'est jamais si bien servi que par soi-même). **7.** Schokopudding mag ich am liebsten.

Übung 75

1. Von allen Geschenken hat mich das meines Bruders *am meisten* erfreut! **2.** Der Sieg der Nationalelf war *der größte* Tag der Grande Nation. **3.** *Spätestens* Mitte April läuft die Produktion wieder an. **4.** *Der dümmste* Bauer findet immer *die dicksten* Kartoffeln (car pluriel).

Übung 76

1. Du hast nicht alles gegessen (on peut proposer aussi *nicht alles aufgegessen*). **2.** Ich hatte überhaupt keinen Hunger! **3.** Nicht alle Schüler haben alles begriffen. **4.** Es hat den ganzen Sommer geregnet. **5.** Sie hat die ganze Zeit mit mir geredet (var. : auf mich eingeredet ; nuance : elle voulait me persuader ou elle m'a "tenu la jambe"). **6.** Die Japanerinnen haben fast alle / fast all ihre Spiele gewonnen (dans ce cas, all peut effectivement être invariable).

Übung 77

1. Am 27. September 1998 wurden über 60 Millionen Bürgerinnen und Bürger aufgerufen, den **14.** Deutschen Bundestag zu wählen (virgule = séparateur entre deux propositions). **2.** Die 1945 gegründete Partei gehört zur konservativen Mitte (la structure participiale est une séquence continue). **3.** Die Partei, 1980 gegründet, geht aus zahlreichen Bewegungen hervor (apposition, insise, mise hors construction à l'aide des 2 virgules). **4.** 1999 wird ein entscheidendes Jahr für die europäische Währung (la datation s'effectue sans "*in*" à la différence de l'anglais ; "1999" a donc une fonction adverbiale et occupe légitimement la 1re place et est directement suivie du verbe conjugué). **5.** Ja, so ist es (l'assertion "*ja*" est hors construction ou constitue à elle seule une "proposition" ; ce n'est pas le cas du "*ja*" modalisateur d'énoncé comme dans "*Ich habe es dir ja gesagt*" = Je te l'ai bien dit).

Übung 78

1. Früher / Vorher war es besser **2.** Darüber reden wir später (nachher). **3.** Nachdem er getrunken hat, wird er sehr menschlich. **4.** Er behauptet, dass er vor dem Spiel keine Medikamente eingenommen hat. **5.** Früher sprachen die Menschen miteinander. **6.** Vor Internet sprachen die Leute mehr miteinander.

Übung 79

1. Bevor er abreiste, kaufte er sich noch schnell die letzte Ausgabe von FOCUS. **2.** Dabei schlief er ein. **3.** Da die Tür schlecht geschlossen war, konnte der Hamster entkommen (var. : geschlossen worden war- on peut mettre en évidence une valeur passive ici). Autre variante possible : Der Hamster konnte entkommen, weil die Tür schlecht geschlossen (worden) war. **4.** Obwohl er mit seinem Psychologen gesprochen hatte, hielt der Patient sich immer noch für ein Pferd. **5.** Der Manager musste ein Bungee-Training über sich ergehen lassen, um sich besser in das Team einzuarbeiten (NB : Bungee-Training = saut à l'élastique). **6.** Seitdem gewinnt er kein einziges Rennen mehr.

INDEX ALLEMAND

INDEX FRANÇAIS

Achevé d'imprimer en septembre 1999 dans les ateliers de Normandie Roto Impression s.a., 61250 Lonrai
N° d'impression : 992029 Dépôt légal : septembre 1999